TASSIN

—

HISTOIRE D'UN VILLAGE ALGÉRIEN
1890–1900

—

Arrondissement de Sidi-Bel-Abbès
Département d'Oran

PAR

V. RENAUD

ALGER-MUSTAPHA
GIRALT, IMPRIMEUR-PHOTOGRAVEUR
Rue des Colons, 17
—
1900

TASSIN

ALGÉRIE

TASSIN

HISTOIRE D'UN VILLAGE ALGÉRIEN
1890-1900

Arrondissement de Sidi-Bel-Abbès
Département d'Oran

PAR

V. RENAUD

ALGER-MUSTAPHA
GIRALT, IMPRIMEUR-PHOTOGRAVEUR
Rue des Colons, 17
1900

AVANT-PROPOS

Trois périodes bien caractéristiques sont à distinguer dans l'histoire du développement de tous les centres de colonisation d'Algérie.

La première va du moment où le point qui doit servir d'emplacement à la nouvelle agglomération a été trouvé, déterminé et choisi, jusqu'au jour de l'achèvement de la procédure d'installation et des travaux préparatoires nécessaires pour doter les futurs habitants des éléments utiles à la vie collective. La décision gouvernementale qui ordonne la mise en peuplement et établit le nombre ainsi que la liste des concessionnaires agréés en marque la clôture.

La deuxième débute avec l'arrivée des colons.

C'est une époque de fièvre et d'incertitude, de heurts et de tâtonnements répétés, de luttes incessantes, dont on ne saurait fixer la fin à l'avance, pendant laquelle les maisons se construisent, les terres se défrichent.

Au contraire de la précédente, celle-ci est exclusivement remplie par l'œuvre des concessionnaires, l'administration n'intervenant que pour protéger, conseiller, accorder des subsides encore souvent nécessaires.

On entre, ensuite, dans la troisième période, celle où le village, désormais assis, conscient de sa vitalité, indépendant, mais aussi responsable sous une autorité dont on ne sent presque plus la tutelle vogue, définitivement de ses propres ailes vers un avenir meilleur.

L'histoire de Tassin, bourgade située dans le département d'Oran, arrondissement de Sidi-Bel-Abbès, que l'on va raconter ci-dessous, permettra de montrer au lecteur le détail des événements qui se déroulent dans la vie réelle, durant chacune de ces trois phases.

Peut-être pourra-t-il en résulter — nous l'avons espéré, du moins en présentant ce petit tableau sans prétention, volontairement simple et destiné à vulgariser dans la Métropole des connaissances très courantes ici — quelque avantage pour l'entreprise déjà si féconde de notre colonisation en Algérie, à laquelle notre éminent Gouverneur Général actuel, M. Laferrière, attache une si grande importance.

Alger, le 15 juin 1900.

TASSIN

CRÉATION DU VILLAGE

I

Historique

Zehana. — L'endroit où se développe, aujourd'hui, le coquet village de Tassin et ses merveilleux champs de culture était, autrefois, connu dans la région sous le nom de Zehana.

C'était une vaste plaine, légèrement ondulée, de plusieurs milliers d'hectares, entièrement recouverte de broussailles touffues, située dans la commune mixte de Boukhanéfis, arrondissement de Sidi-Bel-Abbès, département d'Oran, et bornée : au nord, par les terres de l'ancienne et puissante tribu des Oulad-sidi-Daho ; au nord-ouest et à l'ouest, par les douars des Oulad-Mimoun et d'Aïn-Tellout ; au sud, par le territoire de Tatfaman ; et, à l'est sud-est, par le douar Tiffilès.

Le puits de Zehana. — Au temps de la conquête, le génie militaire, après avoir établi dans ces parages une voie stratégique (qui est devenue plus tard la route nationale n° 7), pour relier entre eux les postes avancés de Sidi-Bel-Abbès et de Tlemcen, fit creuser, sur ce chemin, au point kilométrique 121 k. 100, sur la droite en sortant par l'extrémité sud-ouest du centre actuel de Tassin, par 35° de latitude nord et 3°30 de longitude ouest, à une altitude de 650 mètres, un puits que l'on voit encore, destiné à permettre à nos troupes continuellement en mouvement, aux convois et aux courriers postaux de se ravitailler en eau potable.

Le pays fut alors dénommé, Hassi-Zehana, c'est-à-dire la contrée du puits de Zehana, le mot Hassi voulant dire puits.

Comme tous ceux creusés à cette époque de fièvre et de provisoire il était d'une construction fort simple :

D'abord, un trou de quelques mètres dans la terre, sans maçonnerie intérieure ni extérieure. Au fond, une source. Au-dessus, une poutre transversale soutenue par deux piquets mal équarris, plantés en terre perpendiculairement de chaque côté de l'orifice, et à laquelle était fixée une poulie avec une corde et une paire de seaux servant à aller quérir le liquide bienfaisant.

Les indigènes eux-mêmes. particulièrement les noirs Marocains venus, de leurs pauvres montagnes pour aller gagner, en qualité de moissonneurs, quelque argent dans les fermes du Tell et les nomades, conducteurs de longues caravanes de chameaux ou d'immenses troupeaux de moutons, heureux de cette possibilité de se rafraîchir après les pénibles marches d'été sur la route poudreuse, prirent l'habitude de faire halte aux environs du puits de Zehana.

Le café maure d'Hassi-Zehana. — Un café maure, tel qu'on en voit de loin en loin sur les chemins de la Colonie, c'est-à-dire une modeste cahute en broussailles, recouverte de diss, avec à l'intérieur un petit four et des bancs en bois pour tout ameublement, s'installait bientôt dans ces parages.

Exclusivement utilisé à l'origine par les Arabes qui y trouvaient un excellent *kaoua* et un logis le cas échéant il ne devait pas tarder à être fréquenté aussi par nos soldats, pour lesquels il marquait une étape, et par les voitures qui y avaient établi un relai.

Que de fois les uns et les autres s'estimèrent-ils trop heureux, particulièrement lors des froides soirées d'hiver, de rencontrer ce modeste asile.

Il y avait souvent plus à manger qu'à boire dans le café maure que le patron de l'établissement servait gravement dans les petites *bakredj* en fer blanc, mais qu'importait, puisque sa chaleur réchauffait ; le logis présentait bien ses inconvénients au point de vue de la propreté, de la tranquillité du sommeil, néanmoins il y faisait chaud et on y était mieux que sous la tente ou qu'à la belle étoile.

L'auberge du roulage d'Hassi-Zehana. — Peu à peu, la sécurité du pays étant devenue complète, Hassi-Zehana prit une importance de plus en plus considérable.

Un Européen, entreprenant et avisé, en fut frappé. Bientôt il venait s'établir à côté du puits, mais sur l'autre côté de la route, en face le café Maure et construisait en 1869 une simple baraque. C'était un nommé Bahuot, ancien caporal libéré du 92e de ligne. Celui-ci, à la suite d'affaires de famille malheureuses, fut obligé de déguerpir en 1870.

Un sieur Augustin Pérez le remplaça et éleva quatre murs en pierre. En 1872, cette construction était mise en vente et c'est M. Bonnaure, le plus ancien colon du pays, puisqu'il s'y trouve depuis 28 ans, qui en fit l'acquisition moyennant 600 francs.

Il y montait plus tard l' « Auberge du Roulage », qui devait être l'embryon du futur village de Tassin.

II

L'emplacement du village

Que fallait-il pour qu'une agglomération de gens fut établie en ce lieu avec de bonnes chances de réussite ?

De l'eau, des terres fertiles, un climat sain ?

Toutes ces conditions se trouvaient réunies.

L'eau. — N'avait-on pas un puits, dont le rendement aussi constant qu'abondant, laissait espérer une région riche en eaux souterraines.

Les terres fertiles. — D'autre part, les terres manquaient-elles ? Assurément non, car il suffisait de jeter les yeux autour d'Hassi-Zehana pour en apercevoir à perte de vue.

Mais étaient-elles fertiles ? Comment en douter,

en présence de la végétation luxuriante qui recouvrait, été comme hiver, toute la région d'un immense manteau de verdure.

La salubrité. — Et le climat était-il salubre ?

En voyant la bonne mine des indigènes des tribus avoisinantes et la belle santé dont jouissaient le propriétaire de l' « Auberge du Roulage », sa femme et ses enfants qui habitaient là depuis longtemps sans avoir jamais été malades, il n'était pas difficile de s'en assurer.

Les facilités commerciales. — Enfin Hassi-Zehana était, en ce qui concerne les voies de communication, dans une situation des plus favorables.

La route nationale le reliait, en effet, d'un côté à Sidi-Bel-Abbès, grande ville de consommation et centre d'approvisionnement à peine distant de trente kilomètres ; et, de l'autre, à Tlemcen, important marché d'exportation vers le Maroc.

L'inventeur d'Hassi-Zehana. — Il n'était plus besoin que d'une occasion propice éveillant, sur cet endroit l'attention bienveillante de la colonisation, toujours désireuse dè trouver de bons emplacements aux villages qu'elle crée, pour qu'à la place du désert broussailleux d'Hassi-Zehana s'élève une jolie bourgade aux blanches demeures, aux champs bien cultivés.

Cette circonstance allait se produire de la façon suivante :

En 1883, M. Tassin, ancien Directeur des Affaires

Civiles et Financières sous le gouvernement de l'amiral de Gueydon, alors conseiller de Gouvernement, revenant d'une mission administrative à Tlemcen, fut amené, comme tous les voyageurs, à s'arrêter à l' « Auberge du Roulage » où était le relai des diligences chargées du service postal entre Sidi-Bel-Abbès et Tlemcen.

Saisi d'admiration à la vue de la magnifique plaine d'Hassi-Zehana, toute couverte de bois d'essences diverses et de plantes variées attestant par la puissance de leur venue une nature de sous-sol d'une grande valeur, il manifesta, paraît-il, publiquement, son vif regret de n'avoir pas connu plus tôt « ce joli petit endroit ».

De retour à Alger M. Tassin s'empressa d'informer de ses remarques M. Tirman, alors Gouverneur Général de l'Algérie, et, dès 1884, le programme de colonisation portait création d'un gros centre à Hassi-Zehana.

III

L'installation du village

L'emplacement du futur village était à peu près déterminé et paraissait remplir les conditions exigées.

Il fallait encore, avant de songer à son peuplement, procéder à son installation, c'est-à-dire :

1° Constituer son territoire en réunissant une certaine étendue de terre proportionnée à l'importance à lui donner comme chiffre de population et étendue culturale ;

2° Lui procurer de l'eau en quantité et qualité suffisantes pour ses besoins ;

3° Allotir les terres agglomérées :

(*a*), en lots urbains destinés à grouper la collectivité, colons et maisons, sur le point choisi ;

(*b*), en lots ruraux d'une superficie unitaire en rapport avec la surface générale du périmètre de colonisation et le total des habitants à y placer.

Cette triple opération, à la fois délicate et longue, s'accomplit sous la haute direction des préfets de chaque département. Elle comporte une procèdure administrative particulière, à laquelle participent toutes sortes d'agents locaux et spéciaux tels que Sous-Préfets, Administrateurs de Communes mixtes ou Maires, Géomètres du Service Topographique, Ingénieurs et Conducteurs des Ponts et Chaussées, Gardes Généraux des Forêts, Receveurs des Domaines, Présidents et Djemâas de douars, etc., etc...

Constitution du périmètre de colonisation. — Le premier problème à résoudre consista donc à avoir les terres nécessaires pour établir le futur centre.

En Algérie, à l'heure actuelle, il n'est pas toujours facile à l'Etat de s'en procurer pour créer ses nouveaux villages.

Les ressources domaniales ont, en effet, considérablement diminué dans la colonie et d'autre part, il ne faut pas croire, comme il arrive à beaucoup de personnes qui traversent le pays au pas de course, que le Gouvernement est possesseur de tous les territoires qu'on aperçoit incultes, sans habitants, sans troupeaux, le long des lignes de chemins de fer.

Ce qui paraît n'appartenir à personne n'est pas pour cela propriété du Beylick.

Les indigènes, bien que rares en apparence, sont encore assez nombreux sur ces immenses espaces qu'ils détiennent légalement et effectivement soit à titre collectif, soit à titre particulier.

C'est pourquoi l'Administration est très souvent obligée, quand elle tient absolument à faire un village qui lui semble avoir des chances presque certaines de réussite, parce que bien situé, suffisamment pourvu en terres fertiles et en eau, de recourir à l'achat aux Arabes de ces grandes étendues de terrain qui restent inoccupées.

La région d'Hassi-Zehana était dans ce cas. Elle n'était pas la propriété de l'Etat, mais celle d'un douar de la commune mixte de Boukhanéfis, du nom de Tiffilès.

Cependant, en admettant que le Gouvernement n'ait pas un droit de propriété sur ces régions libres et incultivées, n'a-t-il pas la possibilité, en vertu de son titre de souveraineté qui le rend le tuteur des biens de la totalité des tribus, d'en distraire, dans certaines conditions et dans des cas déterminés, tout ou partie, lorsqu'il s'agit d'une destination en somme favorable au bien-être économique de nos sujets, comme par exemple la création d'un nouveau village ?

En principe, oui. Mais l'Administration algérienne, très soucieuse des intérêts supérieurs dont elle a la garde, ne peut pas, alors même que ceux-ci se refuseraient, sans raisons sérieuses, à aliéner leurs domaines, user de l'expropriation pour cause d'utilité publique qui les dépossède moyennant une somme d'argent qu'ils ont tôt fini de dépenser et risque ainsi de les pousser au crime ou à la révolte.

Elle aime mieux recourir à des engagements librement débattus entre elle et les représentants élus des indigènes constitués en Djemâas pour gérer les affaires des tribus.

On eut donc recours à l'achat des terrains destinés à la future agglomération d'Hassi-Zehana, bien qu'il eût été démontré, au cours d'enquêtes officielles, que les trois quarts des communaux du douar Tiffilès restaient inutilisés par eux, aussi bien au point de vue cultures qu'au point de vue parcours pour les animaux.

La djemâa de Tiffilès, consultée, consentit à céder les terrains nécessaires pour la constitution du périmètre de colonisation.

En échange l'Etat lui versait une somme de 160.000 francs.

Afin de montrer à nos administrés qu'elle entendait les faire bénéficier des travaux généraux qu'elle allait entreprendre pour doter Hassi-Zehana de tous les organes utiles à la vie collective, l'Administration s'engageait de plus à concéder aux habitants de Tiffilès, 1 litre d'eau par seconde à prélever sur la quantité amenée au village pour l'alimentation des colons et à construire, sur les 3.000 hectares de communaux qui leur restaient encore après cession des 4.000 autres à la Colonisation, deux abreuvoirs-fontaines.

L'aménagement de l'eau. — On possédait dès lors la terre. Restait à se procurer l'eau.

Le nouveau centre étant appelé à avoir une grande importance, puisqu'on parlait de lui donner cent feux au moins, la question qui se posait n'était pas surtout d'en trouver à proximité de la bonne et de la claire, mais bien d'en avoir en quantité suffisante pour satisfaire à tous les besoins.

Etant donné l'aspect général du pays, on avait la ferme conviction qu'il serait facile de rencontrer sur les 4.000 hectares de son territoire, une source ayant un débit assez élevé.

Malheureusement il ne devait pas en être ainsi, car malgré les plus minutieuses et les plus actives recherches, il fut impossible d'en découvrir aucune, même minime.

On songea alors à forer des puits. Puisque, se disait-on, celui de Zehana renferme un liquide pur et frais, il doit facilement exister aux environs une nappe souterraine que l'on pourra utiliser.

Une première tentative en ce sens fut donc faite.

A trente sept mètres on dut s'arrêter faute de résultats.

Deux autres essais, en des endroits différents du périmètre de colonisation, notamment dans le lot de jardin actuel n° 31, et dans le lot de culture n° 25, n'amenèrent pas plus d'effet. La première fois on creusa, mais en vain, à 15 mètres de profondeur et la seconde jusqu'à 30, toujours sans que l'eau apparût.

En désespoir de cause on se rabattit sur un ancien projet dont l'économie générale consistait à amener jusqu'au nouveau village une partie des eaux de la source dite d'Aïn-Tellout, sise à 18 kilomètres de là

sur la route de Lamoricière, qui débitait en moyenne
50 litres à la seconde d'un liquide sain bien que renfermant un peu de carbonate de soude.

Un devis estimatif ayant été établi il fut démontré
que la conduite d'adduction appelée à parcourir une
longue distance et des régions de niveaux différents,
coûterait au bas mot 100.000 francs.

Aussi se demanda-t-on avec une certaine inquiétude à combien reviendrait l'installation définitive du
village si, à cette somme et à celle de 160.000 francs
déjà nécessitée pour l'achat des terrains, il fallait
encore ajouter les frais de lotissement et de construction des bâtiments communaux tels qu'école, mairie,
église, lavoirs, abreuvoirs et fontaines publiques.

Tout cela ne ferait-il pas, pour un seul centre, une
trop grosse dépense à la charge du budget de la colonisation si parcimonieusement gratifié.

L'Administration hésita et reprit la procédure commencée quelques années auparavant pour agrandir
Aïn-Tellout et faire un village à Tatfaman, points qui
étaient déjà pourvus d'eau.

Hassi-Zehana avec ses belles et riches terres semblait condamné à ne produire jamais que des broussailles touffues !

Mais, en présence des prétentions exagérées qu'émi-
rent quelques propriétaires de Tatfaman et d'Aïn-
Tellout, pour céder leurs terres, l'Administration,
convaincue qu'il y avait plus d'avantages à s'occuper
d'Hassi-Zehana, se décida à en poursuivre la création.

Son emplacement avait d'abord été fixé au 121ᵉ kilomètre, c'est-à-dire près du puits et de l' « Auberge
du Roulage ». Des raisons de salubrité firent ensuite

2

abandonner ce choix pour décider finalement qu'il serait installé entre le 119e kil. 700 et le 120e kil. 700 où il se trouve actuellement.

On le divisa en 110 lots urbains, correspondant à 110 lots ruraux sans compter ceux affectés à l'établissement de l'école, de la mairie, de l'église, du presbytère, de la gendarmerie et ceux qui, au cas d'agrandissement, seraient nécessaires pour la justice de paix, la poste et le télégraphe, etc.

Pour n'être pas pris au dépourvu on créa six lots urbains supplémentaires, ce qui porta les emplacements pour maisons de colons au chiffre total de 116.

Les terres, elles, furent partagées en 100 lots de culture et en 10 lots industriels.

Chaque lot de la première catégorie se composa d'une parcelle de jardin de 62 ares environ, d'une autre de vigne de 2 hectares, d'une troisième dite de grande culture (c'est-à-dire destinée aux céréales et au parcours du bétail) de 28 à 29 hectares, soit en totalité, 31 à 32 hectares.

Quant aux lots industriels ils comportèrent une parcelle de jardin de 62 ares, une parcelle de vigne de 2 hectares et 7 hectares pour les céréales, en tout 10.

Les travaux de premier établissement. — Restaient à exécuter les travaux de premier établissement, tels qu'aplanissement de l'assiette du village, empierrement, création des rues, des fossés et des caniveaux ; à installer les ouvrages destinés à l'utilisation de l'eau amenée par la conduite d'Aïn-Tellout, notamment les fontaines, les abreuvoirs et lavoirs, et à planter un certain nombre d'arbres dans les rues, etc.

Grâce à la sollicitude particulière de M. le Préfet d'Oran pour le nouveau-né, tout se trouva complètement prêt (sauf la route menant à la gare de Tatfaman qui ne fut achevée qu'en 1890) pour le mois de novembre 1889. date à laquelle M. le Gouverneur Général avait fixé la mise en peuplement.

Il n'y avait plus qu'une dernière formalité à accomplir : baptiser le village.

La dénomination d'Hassi-Zehana qu'on avait d'abord adoptée durant toute la période de préparation, n'ayant aucun sens parmi les indigènes et ne rappelant d'autre part aucun fait historique, M. le Gouverneur Général Tirman décida qu'en souvenir de M. Tassin le nom de ce dernier lui serait donné.

Tassin existait désormais comme point géographique et comme entité administrative.

IV

Le peuplement administratif du village

Mais il ne suffisait pas d'avoir installé un beau logis et d'avoir réuni autour de bonnes et grandes terres. Il était encore nécessaire de le peupler.

Et certes ce n'était pas là la moindre affaire, étant donné que, huit fois sur dix, on peut l'affirmer sans exagération, la réussite d'un village dépend de la façon plus ou moins soignée avec laquelle on procède au choix des colons.

L'Administration, en ce qui concernait Tassin, se trouvait dans le même état d'esprit qu'un simple particulier, propriétaire d'un immeuble, qui ne veut pas de locataires quelconques, capables de partir sans payer après avoir dégradé les murs. Elle n'entendait choisir que des attributaires sérieux, c'est-à-dire susceptibles de remplir l'engagement de bien réussir qu'ils prennent tous en quelque sorte moralement en acceptant une concession, et non pas des pseudo-cultivateurs, de mauvais travailleurs.

Son œuvre lui coûtait assez cher pour qu'elle pût exiger de ceux qui solliciteraient la faveur d'être admis comme concessionnaires, de l'activité, de la volonté, de l'amour au travail, toutes qualités absolument indispensables pour arriver en Algérie à prospérer, et des moyens financiers suffisants pour pouvoir, dès le début, se construire rapidement une habitation, acheter des bêtes, un matériel agricole, des semences, commencer les cultures et vivre jusqu'à la première récolte.

Aussi, en raison de l'excellente situation de notre centre et de la valeur de ses terres, les candidats ne devaient pas manquer.

Dès que la publicité eût été faite en France et en Algérie annonçant la mise en peuplement de Tassin, les demandes affluèrent. On en compta plus de 1.600. Or, il n'y avait que 110 concessions à donner, chiffre cependant déjà considérable pour une seule agglomération.

Force fut à l'Administration de procéder à un triage et de ne retenir que les meilleures, celles qui répondaient le plus aux préoccupations sus-indiquées.

Bien qu'il y eût un plus grand nombre de demandeurs d'Algérie que de France, le Gouvernement général, toujours et surtout préoccupé d'attirer des paysans de la Métropole, conserva la proportion moyenne adoptée par lui dans la répartition des lots de chaque nouveau village entre les émigrants et les Algériens, c'est-à-dire qu'elle décida d'accorder aux premiers les 3/5 du nombre total des concessions et aux derniers les 2/5 autres.

Sur 110 concessions, 65 complètes furent octroyées aux métropolitains, tandis que 45 seulement, dont 35 complètes et 10 dites industrielles étaient réparties entre des fils de colons et d'autres Français venus antérieurement dans la colonie, mais sans ressources, avec un métier comme celui par exemple de menuisier. serrurier, forgeron, etc.

Ces quarante-cinq « Algériens » furent pris, un peu partout, parmi les candidats des bourgades situées soit dans l'arrondissement de Sidi-bel-Abbès où se trouvait Tassin, soit dans les circonscriptions voisines.

Les anciennes colonies agricoles créées en 1848 par un décret de l'Assemblée nationale, notamment celles établies à Saint-Cloud, Hassi-ben-Okhba, Mangin, Aïn-Nouissy entre Oran et Arzew, ainsi que les villages installés beaucoup plus tard, également dans l'arrondissement d'Oran, à Aïn-Kial, Valmy, Aïn-Temouchent. Bou-Tlélis, Sidi-Daho. Hammam-bou-Hadjar, fournirent qui un, qui deux, qui trois habitants nouveaux.

Mostaganem envoya de son chef-lieu même et des centres environnants tels que Sirat, Mazagran, Aïn-Tédelès, St-Aimé et l'Hillil une demi-douzaine de concessionnaires.

Sidi-Bel-Abbès et son arrondissement donnèrent le plus fort contingent d'Algériens. Entre Sidi-Lhassen,

Baudens, Boukhanèfis, Parmentier, Sidi-Brahim, Lamtar, Lamoricière, Les Trembles, Le Tessala, Mercier-Lacombe, Sidi-Khaled, il y en eut au moins une vingtaine.

Enfin Tlemcen et le village d'Hennaya envoyèrent chacun un colon.

Quant aux « Emigrants » ils avaient été recrutés dans les trois régions de France qui expédient le plus d'habitants dans la Colonie, c'est-à-dire dans le bassin du Rhône, le Plateau Central et le bassin de la Garonne.

Il y en avait du Vaucluse, du Gard, de l'Ardèche, de la Drôme, des Hautes-Alpes, de l'Isère, du Jura, du Doubs, de l'Aveyron, du Lot, de la Corrèze, de la Haute-Garonne et de la Gironde.

Huit familles de l'Aveyron, originaires de Rieupeyroux, de Cransac, de Vabre, d'Aubin, de Sauvensa et de Jabres, ainsi que sept du Tarn habitant Faussagnes, Monzieys, Salviot, Castres, Candour, Ségur et Paulin avaient été acceptées.

De même la demande collective de neuf familles savoisiennes originaires d'Hermillon (Savoie), comportant en tout 65 personnes, avait été accueillie favorablement.

On était en droit d'espérer — et à juste raison — qu'avec un pareil ensemble de colons métropolitains mêlé à l'élément algérien, choisi avec le plus grand soin, on obtiendrait un peuplement fatalement appelé à réussir en raison même de la variété des origines et de la diversité des aptitudes naturelles ou acquises réunies.

C'est l'histoire des développements successifs par

lesquels est passé le nouveau village avant d'atteindre à l'état de prospérité dans lequel il se trouve actuellement que nous allons essayer de présenter en faisant raconter, par un des membres de la colonie savoisienne, un des pionniers de la première heure et des plus dévoués, un admirateur sincère de ce pays, comment et dans quelles conditions il fut amené, lui et ses compatriotes, à venir en Algérie et plus spécialement à Tassin, et quelles furent les difficultés qu'ils rencontrèrent aux débuts.

Bien des gens pourront, ainsi, se rendre compte de la façon dont se crée un village de colonisation et acquérir en même temps la certitude qu'avec de la foi, de l'ardeur au travail, de la volonté et de modestes capitaux on peut encore arriver facilement et assez vite à se créer une bonne place et une vie large sous le beau ciel d'Algérie.

LE PEUPLEMENT ET LES PREMIERS DÉBUTS

DU VILLAGE DE TASSIN

I

Histoire de la colonie savoisienne

A Hermillon. — C'était en 1888. J'étais alors instituteur à Hermillon, arrondissement de St-Jean-de-
Maurienne, département de la Savoie. En contact
constant avec les habitants de ce village, du fait de
ma profession, il m'avait été facile de m'apercevoir
qu'ils menaient, malgré leur sobriété, leur courage et
leur ardeur au travail, une vie des plus misérables,
surtout pendant les longs mois et les grands froids de
leur interminable hiver.

Chaque soir, ma journée de classe achevée et le
souper fini, nous nous réunissions avec quelques
familles amies qui venaient nous rendre visite à
l'école. C'est ainsi que nous avions eu l'habitude de
faire aussitôt ma nomination à Hermillon, c'est-à-dire
depuis six ans.

Tandis que ma femme causait avec les compagnes
de mes compatriotes de ces mille et une choses de
ménage qui les intéressent, les hommes m'entrete-
naient de leurs petites affaires, me demandant des
renseignements ou des conseils, se répandant presque
toujours, à propos de la moindre difficulté, en plain-

tes amères contre le climat si ingrat du pays, maudissant la neige qui recouvrait alors leurs maisons et leurs champs d'un immense manteau blanc et qui les empêchait, eux et leurs femmes, d'aller arracher, à la cîme de la montagne ou aux flancs abrupts de la vallée, l'herbe nécessaire à leur vache laitière pour produire ce lait si utile à leur nourriture et à la fabrication du beurre et du fromage qu'ils échangeaient, au marché voisin, contre de bonnes pièces blanches.

Si au moins ils avaient eu de grandes étendues de terrain et si ceux-ci avaient été fertiles, cela aurait compensé, dans une certaine mesure, les inconvénients du climat. Avec de belles et abondantes récoltes ils se seraient facilement résignés en songeant à l'œuvre féconde qui s'accomplissait sous la neige.

Mais c'était à peine si le plus riche propriétaire d'entr'eux possédait un hectare, soit 20 quartelées ; les autres avaient tout au plus cinq ares, soit une quartelée. Et encore quand ces terres n'étaient pas de purs rochers recouverts d'une légère couche d'humus et situés à des altitudes impossibles, partant impropres à presque toutes les cultures.

Et c'est dans des conditions pareilles, avec des propriétés de cette étendue qu'il leur fallait payer les impôts et élever la nombreuse famille de 6 à 12 enfants qu'un ciel par trop imprévoyant avait envoyée à chacun d'eux !

Malgré mon accoutumance je ne pouvais demeurer impassible devant une aussi triste réalité.

Leur sort me paraissait des plus injustes, comparé à celui des autres populations de la France et surtout à celui que s'étaient créé, racontaient les journaux et les livres, les audacieux qui, las d'une existence toujours uniforme, sans amélioration possible, n'avaient pas craint de s'expatrier, plutôt que de rester, par un fol esprit atavique d'attachement au sol, à s'étioler sur le sol natal.

« Pourquoi leur disais-je, n'iriez-vous pas aux Colonies, puisque vous vous trouvez si mal ici. A tout prendre vous ne risqueriez pas grand chose. Que vous travailliez comme des mercenaires à Hermillon ou que vous peiniez au loin peu vous importe, je suppose. Par contre vous avez quatre-vingt chances sur cent d'obtenir un meilleur résultat avec la même somme d'efforts.

« Cela ne vous paraît-il pas bien tentant ?

Auriez-vous quelque hésitation à partir en Algérie, par exemple, où l'on assure que le pays est si beau, le climat si agréable, l'hiver si doux, la terre si féconde et si facile à acquérir, la vie si large.

« Moi-même, leur ajoutai-je, si j'étais à votre place, ayant comme vous un petit bien au soleil, je n'hésiterais pas à le réaliser au plus tôt et à émigrer. »

Projet d'émigration en Algérie. — Peu à peu un sentiment de curiosité les prit, puis un vif désir d'aller habiter cette Algérie où je leur avais raconté que le Gouvernement donnait gratuitement à tous ceux qui s'y rendaient comme colons, des étendues de terre qui allaient jusqu'à cent hectares, presque autant que la commune d'Hermillon tout entière.

J'avais malheureusement compté sans les femmes, sans le curé et sans le maire du village.

Dès, en effet, que mes compatriotes commencèrent à parler de ce départ comme d'une chose possible, les femmes se mirent à pousser les hauts cris. C'était, disaient-elles, une vraie folie que de vouloir quitter le Pathelin où ils s'étaient tous connus enfants, où ils avaient grandi, où ils s'étaient mariés, où ils avaient eu des marmots, où ils avaient de bonnes vieilles habitudes, un genre d'existence dur, il est vrai, mais combien libre et grandiose, auquel ils étaient accoutumés, des vieux parents qui les aimaient et qu'ils adoraient, dont ils feraient la désolation en partant.

Et tout cela pour aller dans une contrée lointaine, pleine de moricauds qui tuaient et mangeaient les gens, où on rôtissait comme des côtelettes, où le siroco brûlait tout quand il soufflait, où l'on vivait comme des sauvages.

Le maire, qui connaissait ceux qui avaient envie d'émigrer comme d'honnêtes et paisibles citoyens possédant un peu de bien, tenait à les conserver. Quant au curé, l'idée de perdre un nombre assez considérable d'ouailles le préoccupait également. C'étaient moins de baptêmes, de premières communions, de mariages, et, dame ! il n'y a pas de petits profits.

Aussi s'efforçaient-ils tous deux d'empêcher la mise à exécution du projet de mes concitoyens. L'un agissait sur les maris auxquels il laissait miroiter des places au prochain Conseil municipal, voire des distinctions honorifiques ; l'autre sur les femmes qu'il encourageait à la résistance.

Mais enfin ma patience, ma conviction et l'appât d'une vie plus large et moins pénible, finirent par l'emporter. Une dizaine d'entre eux prirent la résolution de s'expatrier en Afrique si on voulait bien leur donner des terres aussi fertiles et aussi étendues que celles accordées aux autres.

Néanmoins, par un dernier reste de prudence, ils décidèrent qu'avant de rien engager nous nous en irions, l'un d'eux et moi, en explorateurs pour nous rendre compte de visu si les merveilles qu'on racontait sur l'Algérie étaient bien vraies.

Si nous revenions vivants ce serait au moins quelque chose et on pourrait alors songer à examiner à fond le problème de l'émigration.

Restait à savoir vers quel point de la Colonie nous nous dirigerions ?

Car notre possession de l'Afrique du Nord étant fort grande il ne s'agissait pas de partir à l'aventure, au petit bonheur, dépenser sans profit pour personne le peu d'argent réuni en se cotisant tous.

Il fallait avoir un but précis. Aussi mes Savoisiens étaient-ils fort embarrassés.

Heureusement j'avais déjà pris mes précautions et m'étais enquis sans rien dire des territoires que l'Administration algérienne entendait bientôt peupler et des moyens à employer pour obtenir une concession.

J'avais ainsi appris, en lisant un programme de colonisation qui m'avait été communiqué, que l'on était sur le point de créer, notamment, un centre qui serait appelé Guiard (Aïn-Tolba), situé près d'Aïn-Temouchent, dans l'arrondissement d'Oran.

Des renseignements particuliers m'ayant également permis de connaître la présence d'un certain nombre de nos pays dans cette région, notamment à Arlal, nous décidâmes, donc d'aller de préférence voir Guiard, quand le beau temps serait venu.

Nous quittâmes Hermillon en avril 1889, Mollard Jean-Baptiste et moi. Quinze jours après nous étions de retour au pays, enchantés de notre voyage. J'avais été à Oran puis à Guiard. J'étais même passé par Alger où M. Tirman, alors Gouverneur, voulut bien me réserver le meilleur accueil et écouter avec intérêt mes projets.

L'étude à laquelle j'avais pu me livrer m'avait permis de rapporter des indications assez exactes sur la nature du sol des environs de Guiard, sur les productions, sur les plantes qui pouvaient y réussir, sur la température et sur les moyens d'existence qu'on y trouverait. Mes compatriotes auraient la facilité d'y faire des céréales et surtout de la vigne, cultures qu'ils n'ignoraient pas, surtout la dernière, à laquelle ils avaient été obligés de renoncer quelques années auparavant, leur vignoble, qui produisait un petit vin blanc pétillant ainsi qu'un vin rouge très apprécié, ayant été ravagé par le mildiew.

C'était la terre rêvée pour mes Savoisiens. Il n'y avait que le climat qui pût présenter quelque inconvénient, à cause des grandes chaleurs qui régnaient l'été en Algérie. Mais pendant si longtemps ils en avaient eu si juste leur part sous le soleil des Alpes qu'ils ne risquaient rien à l'avenir de s'en payer sans crainte une large portion, histoire de compenser les quantités de froid supplémentaires emmagasinées antérieurement par eux à Hermillon.

La demande des concessions. — Je m'empressai,

dès notre rentrée. de leur exposer ces impressions et remarques. Quelques jours après 9 d'entre eux avaient pris une détermination définitive et me priaient de rédiger une demande collective sur papier timbré.

Je joignis à la pétition toutes les pièces authentiques justifiant que les demandeurs remplissaient les conditions exigées pour obtenir une concession et je l'adressai à M. le Gouverneur général de l'Algérie, alors M. Tirman, en le priant, au cas de réponse favorable, de vouloir bien donner, si possible, à mes compatriotes, des lots de jardin de vigne et de grande culture contigus.

Et voici pourquoi :

Mes Savoisiens avaient, en effet, décidé tout d'abord de se constituer officiellement en société de secours et d'assistance mutuelle.

S'inspirant de l'adage : « l'Union fait la Force » et de cette vérité incontestable que, dans toute collectivité à élément professionnel exclusif, il est besoin de spécialistes, ils s'étaient groupés quelques familles très nombreuses, honorables et solvables, ayant parmi elles un certain nombre de membres qui. en dehors des qualités nécessaires et ordinaires de cultivateur, éleveur ou vigneron, possédaient en outre un métier.

Les uns (trois d'entre eux) étaient maçons, un forgeron, un autre maréchal-ferrant, un charpentier, un plâtrier, un savetier, un tonnelier, un tailleur d'habits, etc.

De cette façon, pensaient-ils, si des lots contigus leur étaient accordés il leur serait plus facile de les mettre en valeur à l'aide de ressources de toute nature mises en communauté et cela jusqu'au jour où chacun pourrait être mis en possession de son titre définitif de propriété. Les terres seraient travaillées avec plus de méthode et de soins, les maisons seraient plus vite bâties et à meilleur marché, l'aisance plus rapidement acquise.

Enfin ils éviteraient aussi le spleen et le découragement qui compromettent si souvent le succès de nos familles françaises installées loin de la Mère-Patrie, car ils se disaient — et à juste raison — que la vie leur serait moins pénible, surtout dans les premiers temps, s'ils se trouvaient constamment ensemble, à la peine comme dans le repos, pour adoucir les regrets qui viendraient les assaillir en songeant au pays absent et aux chers parents demeurés par de-là les mers.

Une grande baraque en planches fut même préparée, destinée à être remontée sur place et à leur servir à tous d'abri jusqu'au moment où ils auraient eu, à tour de rôle, leur maison édifiée.

Mais après réflexion, leurs femmes ne devant plus, comme il avait d'abord été convenu, partir avec eux mes compatriotes renoncèrent à ce projet d'association de familles dans lequel, outre les dispositions ci-dessus énumérées, une part assez grande avait été également attribuée à la question de l'assistance matérielle et pécuniaire qui serait due aux veuves et aux orphelins, en cas de mort d'un des sociétaires.

Ils ne voulaient pas, en effet, les exposer inutilement aux dures épreuves des premiers débuts, non plus que rompre complètement et sans certitude absolue de réussite, tout lien avec le pays natal.

Ils décidèrent de ne conserver de commun que la baraque dont ils avaient déjà réuni toutes les parties.

Cela ne devait pas empêcher néanmoins qu'en réalité, une fois sur les lieux, leurs vives sympathies réciproques et leur esprit naturel de solidarité ne reprissent le dessus et ne les fissent s'entr'aider comme s'ils avaient été unis par un lien réel et obligatoire.

Dès le mois suivant, c'est-à-dire en juin, juste trente jours après, les choses ayant vite marché, le dossier de chacun étant complet et régulier et l'enquête faite sur les ressources et la moralité de mes Savoisiens favorable, je fus avisé que leur demande était accueillie.

On me faisait savoir cependant qu'avant de procéder à la mise en peuplement de Guiard où mes compatriotes désiraient émigrer il restait à achever toute la procédure administrative d'installation du village, ainsi qu'à créer les voies de communication devant le desservir, les conduites d'eau, etc., etc. et que, par conséquent, il faudrait encore attendre quelque temps pour recevoir satisfaction.

C'était là un retard qu'ils acceptèrent sans inquiétude, pensant qu'il ne serait pas bien long.

Trois mois s'écoulèrent après ces nouvelles. Les gens d'Hermillon avaient vécu au jour le jour, se disant chaque soir que demain amènerait peut-être une solution. Une impatience fébrile avait commencé à les gagner petit à petit, s'exacerbant de plus en plus. Plusieurs d'entre eux avaient, en effet, abandonné leurs cultures depuis trois mois ; d'autres avaient pris des arrangements pour passer leurs propriétés et leurs maisons à des parents ou à des amis qui étaient déjà entrés en jouissance. Ils se voyaient menacés de demeurer dans la situation d'oiseaux sur la branche, sans abri, sans bois, sans provisions pour eux et leur bétail, forcés de passer l'hiver qui arrivait à grands pas.

Moi même je n'étais pas sans inquiétude sur le sort qui était réservé à mes amis, si une décision intervenait trop tardivement pour leur permettre d'arriver assez tôt à Guiard pour y défricher quelques arpents de terre et y semer en temps opportun des céréales et des légumes.

Enfin, j'étais avisé que le centre de Guiard, ne pouvant pas être livré au peuplement à bref délai, par suite de difficultés inattendues qui avaient surgi à la dernière heure, à l'occasion de l'achat du terrain du périmètre de colonisation, l'Administration offrait en échange, à mes Savoisiens, neuf concessions contiguës, comme lots urbains de jardin de vigne et de grande culture, d'une surface unitaire d'environ 32 hectares, dans un autre village du nom de Tassin, que l'on venait de créer dans le département d'Oran, mais dans l'arrondissement de Sidi-Bel-Abbès voisin de la région d'Aïn-Temouchent.

J'étais prié également, au cas où mes concitoyens consentiraient à cette proposition, de vouloir bien en prévenir le plus tôt possible le Gouvernement général de l'Algérie, afin que celui-ci leur envoie d'urgence leurs titres provisoires de propriété et qu'ils puissent ainsi bénéficier des avantages de voyage et de transport en découlant et venir prendre possession des lots qui leur seraient accordés à Tassin, dont le peuplement officiel était fixé au 1er novembre 1889.

La résolution de mes compatriotes fut vite prise. Ils acceptèrent avec reconnaissance.

Tassin, du reste, ne présentait au point de vue des frais de transport, du climat, et des cultures aucune différence sensible avec Guiard.

Dès le lendemain j'envoyai leur acceptation et quelques jours après arrivaient les titres provisoires pour toute la petite colonie savoisienne.

Composition de la colonie savoisienne. — Celle-ci se composait de neuf familles avec femmes, enfants et domestiques, formant en tout 65 personnes, dont 26 adultes et 39 enfants. Huit étaient d'Hermillon et une de St-André, près de St-Jean-de-Maurienne.

En voici les noms :

1º Arbessier Joseph et sa femme, d'Hermillon . . . . — tous deux frères — 7 enfants.
2º Arbessier Pierre-Antoine et sa femme, d'Hermillon . . . . . . — 3 enfants.
3º Arbessier Jean-Antoine et sa femme, d'Hermillon . . . . . . — parents des deux autres — 4 enfants.
4º Arbessier Jean-François et sa femme, d'Hermillon . . . . . . — 3 enfants.
5º Larive Camille (marié), d'Hermillon. . . . 6 enfants.
6º Brun Jacques-Cyrille (marié), d'Hermillon 4 enfants.
7º Allard Maurice (marié), d'Hermillon . . . 2 enfants.
8º Mollard Baptiste (marié), d'Hermillon. . . 6 enfants.
9º Dufour Antoine (marié), de St-André . . . 4 enfants.
10º Plus huit explorateurs de nos compatriotes attachés à ces diverses familles auxquelles ils avaient décidé de se joindre comme compagnons et comme aides.

Le jour de la réception des titres provisoires fut un jour de joie pour les hommes. Les femmes et les vieux parents, seuls faisaient grise mine et pleuraient, dans les coins, en cachette.

Quant à moi j'étais le plus triste de constater ce bonheur, car après avoir tout mis en œuvre pour que mes compatriotes obtiennent un bon coin de terre où ils étaient sûrement appelés à prospérer, sinon à s'enrichir, je me trouvais condamné, moi qui le premier avais rêvé d'exode, moi qui avais pu entrevoir un meilleur sort sur la terre d'Afrique, à demeurer à Hermillon, forcé par la dure nécessité de continuer une profession qui seule me faisait vivre avec ma famille.

Désormais je n'allais plus avoir qu'un rôle : consoler ceux qui resteraient. Et ce n'était certes pas celui que j'avais espéré un jour remplir.

Mes Savoisiens n'étaient pas les moins ennuyés dans cette affaire.

Ils avaient tellement eu l'habitude de me considérer comme appelé à être des leurs qu'ils s'étaient pour ainsi dire persuadés qu'avec leurs concessions l'Etat m'accorderait à eux par dessus le marché.

Je ne sais même pas si je ne m'étais pas fait cette illusion tant j'avais identifié la réussite de leur projet avec ma propre destinée.

D'autre part un sentiment bien humain d'intérêt personnel peut-être inconscient les incitait également à songer que moi absent ils ne pourraient plus, comme ils en avaient depuis longtemps l'habitude, recourir aux modestes connaissances générales et à la faible expérience des choses de l'agriculture que je possédais et qui leur paraissaient devoir être plus utiles encore dans ce pays nouveau où ils allaient, si différent du leur par son aspect général, son climat, son sol, ses cultures et sa pratique agricole.

Tous me priaient de les accompagner, m'encourageant de mille promesses alléchantes ; mais il m'était impossible, avec une femme et deux enfants, une fillette de sept ans, Marthe, et un garçonnet de 4 ans, Charles, de quitter une profession qui ne me déplaisait certes pas et dans laquelle je comptais déjà dix-sept ans de service et de versement à la retraite, pour partir chercher l'incertain, sans concession, sans métier qui pût m'aider à vivoter en attendant des instants meilleurs.

Restait une solution qui semblait tout concilier : prendre un congé d'un an et demander à être nommé instituteur à Tassin le jour où on y créerait une école.

De cette façon il y aurait peut-être moyen de continuer mon rôle d'instituteur et mes conseils à mes compatriotes.

Mais une objection se présentait : que faire pendant un an sans ressources ? et d'autre part, en admettant même qu'à force de courage et d'industrie j'arrivasse à joindre les deux bouts jusqu'à la fin de ce délai, quel serait alors mon avenir si je venais à n'être pas replacé dans l'enseignement où si je n'obtenais qu'un poste éloigné de Tassin ?

Par contre n'étais-je pas tenu en quelque sorte moralement et dans une certaine mesure de les suivre, moi qui les avais conseillés, poussés pour ainsi dire à s'exiler ? N'était ce pas un peu lâche de ma part que de les laisser s'expatrier seuls, alors surtout qu'allaient survenir pour eux les véritables difficultés ?

Non, cela ne pouvait être malgré tout.

Je pris donc ma résolution et j'adressai à mon inspecteur d'Académie une demande de congé d'un an, à partir du 1er novembre 1889, qui fut accueillie favorablement.

Le départ pour l'Algérie. — Bientôt commencèrent les préparatifs du départ pour chacun des membres de la colonie savoisienne. Dès le 2 décembre tous les hommes étaient prêts et partaient pour Tassin où ils arrivaient le 6, quelques jours avant moi. J'avais dû un peu retarder mon exode, ayant décidé, à l'inverse de tous mes compatriotes, d'amener de suite avec moi ma digne compagne qui devait m'être d'un si précieux concours et d'un si grand réconfort.

II

Les premiers débuts du village

De Tatfaman à Tassin. — Je ne parlerai pas de mon voyage entre Hermillon et Marseille. Il s'effectua, comme tous les parcours en chemin de fer, monotone et long.

La traversée de Marseille à Oran nous réservait certaine surprise généralement désagréable, pour tous les passagers, qui nous fit en somme plutôt du bien.

Quant à notre passage à Oran il fut si court que c'est à peine s'il nous a laissé souvenir.

Ce dont nous nous rappelons parfaitement, c'est de notre arrivée à Tassin, le 15 décembre 1889, par la route de 10 kilomètres qui va de la gare de Tatfaman à ce centre.

Un charbonnier espagnol avait bien voulu consentir, moyennant 7 fr. 50, à nous conduire jusqu'à Tassin, ma femme, moi, mon garçonnet de quatre ans et demi que j'avais seul emmené et mes légers bagages, dans un vulgaire tombereau à matériaux.

L'homme, tout noir, s'était juché à califourchon sur un des brancards et, tandis qu'il fumait de blondes cigarettes, muet il nous conduisait, au trop cahoteux et lent d'une maigre haridelle de couleur indéfinissable, à travers les fondrières et les ravins que les pluies torrentielles tombées la veille avaient formés le long de la route encore inachevée que nous parcourions et qui se déroulait, tantôt serpentant et tantôt droite, tantôt montueuse et tantôt plate, au milieu de broussailles touffues et d'herbes hautes.

Visiblement soucieuse, ma femme qui n'avait jamais vu l'Algérie ni la brousse et qui songeait qu'elle devait désormais habiter ce pays cherchait, pour se rassurer, à se renseigner auprès de notre automédon.

Mais celui-ci, qu'il nous était impossible de comprendre, pour la raison bien simple qu'il ne parlait pas le premier mot de notre langue, se retournait à chacune de ses questions, nous montrant un visage rébarbatif au milieu duquel pointaient deux yeux étranges, brillants comme des escarboucles, et mâchonnait entre ses dents quelques mots bizarres qui étaient pour nous du véritable hébreu.

Quant à moi, malgré ma tranquillité d'esprit apparente, j'étais assiégé par mille pensées. Je songeais surtout à mes compatriotes venus quelques jours avant moi. Je les revoyais par l'imagination, accomplissant par la pluie et la boue — Dieu seul savait dans quelles conditions ! — ce triste chemin, puis arrivant à Tassin sans abri, sans quelqu'un peut-être pour leur venir en aide et les réconforter. Je me demandais si même ils n'éprouvaient pas déjà quelque regret de s'être laissés aller à résister à toutes les objurgations de leurs femmes, de leurs parents et de leurs amis.

D'autre part la réussite serait-elle aussi certaine, dans ce pays que j'ignorais complètement, qu'à Guiard que j'avais visité et dont j'avais été à même de leur parler en toute connaissance de cause.

La nostalgie ne prendrait-elle pas bientôt mes Savoisiens et ne les découragerait-elle pas ?

Mille autres idées plus inquiétantes encore m'envahissaient, me faisant appréhender de devenir la cause du malheur et de la ruine de mes concitoyens après avoir tout mis en œuvre pour leur rendre la vie plus facile.

Pendant ce temps mon petit Charles — insoucieux comme on est à son âge — chantonnait, sifflait, appelant, mais en vain, à chaque instant, notre attention sur une plante bizarre, une fleur non aperçue encore en Savoie, sur les oiseaux de toutes sortes et

de plumage bigarré qui fuyaient à l'approche de notre
équipage, dans les buissons.

Enfin, après une heure et demie de durs cahots,
au tournant d'une colline nous débouchâmes sur la
route nationale de Relizane à Tlemcen. Trois cents
mètres plus loin nous étions arrivés près de l'emplacement de Tassin.

Tassin. — Ce fut un moment inoubliable que ce
premier contact avec ce coin de terre où nous étions
appelés, désormais, à vivre et peut-être à mourir, et
que nous avions préféré à notre vieille Savoie sans
même le connaître.

Le temps, pluvieux depuis plusieurs jours, semblait vouloir se brouiller à nouveau. De gros nuages
noirs couraient au ciel, projetant sur le sol leurs
grandes ombres rapides qui obscurcissaient l'atmos-
phère.

L'appréhension de l'orage qui menaçait d'éclater
bientôt sur nos têtes sans abri, la tristesse qui se
dégageait de ce paysage uniformément vert qui nous
poursuivait depuis Tatfaman, nous serraient le cœur.

Quoi? Il n'y avait donc pas une seule parcelle de
terre libre dans ce pays? Partout la broussaille s'était
emparée de la terre et à la voir si vivace, l'étrei-
gnant si étroitement, suivant, comme une mousse
gigantesque, toutes ses aspérités, je sentais bien
qu'elle était la maîtresse souveraine et je devinais
qu'elle serait l'ennemie tenace avec laquelle il faudrait compter à l'avenir.

Nous avions quitté les Alpes, découragés par le

combat inégal et vain que, depuis des années, nous menions contre la neige ; et voilà que l'ironique destin nous ramenait, par de là les mers, en présence d'un autre adversaire aussi terrible.

Mais qu'importait la lutte à des esprits audacieux pour lesquels les difficultés ne sont qu'un utile stimulant, une variété dans la monotonie de l'existence.

Devant nous s'étendait un petit plateau dénudé, d'une vingtaine d'hectares environ, formant une énorme tâche jaune au milieu de l'immense verdure environnante.

Tout autour un long ruban large de 15 mètres constituant les quatre boulevards futurs. et se coupant à angle droit, tranchait de sa ligne aiguë la limite du nouveau centre dans la broussaille envahissante.

Une grande artère, qui n'était que le prolongement de la route où nous nous trouvions, ornée de morceaux de bois sec plantés de distance en distance, partageait l'emplacement en deux dans le sens du Nord-Est-Sud-Ouest.

C'était la voie principale du village.

De longues raies rougeâtres, figurant les rues secondaires, en divisaient la surface en une série de petites bandes sur lesquelles pointait une maigre verdure.

Au milieu un vaste carré séparé en deux : la partie droite devant servir à la place de la Mairie et de l'Eglise ; celle de gauche étant réservée à l'Ecole et à ses dépendances.

Un lavoir solitaire, encore inachevé, montrait à côté de nous, sur la droite, ses larges bassins non recouverts, dans lesquels coulait déjà une eau abondante et claire,

D'apparence humaine on n'en apercevait pas.

Quelques gourbis, dispersés de ci, de là, laissant échapper de leurs toits une légère fumée, permettaient néanmoins de deviner qu'un certain nombre de colons, en dehors de nos compatriotes, avaient dû déjà arriver.

C'était Tassin.

L'arrivée. — Notre attelage avait à peine fait une centaine de mètres que l'aboiement des chiens signalait notre présence aux concessionnaires.

Bientôt ils sortaient sur le pas de leurs habitations primitives, curieux d'examiner nos nouvelles figures. Parmi eux un algérien de Lamtar, Etienne Elsen, venu le premier s'installer dans un gourbi, sur le boulevard Nord, en face le lot actuel n° 119 ; puis Delpeint, Siméon (dit Alfred), de Lamoricière, ainsi que ses deux beaux-frères Berthier Emery et Berthier Marius qui avaient déjà construit une immense cantine ; enfin Frasquito Mùnos, un espagnol, mais un brave, qui avait établi une baraque en planches, le plus beau monument du Tassin d'alors, dans laquelle il vendait de l'épicerie, de la viande et du pain, et Meyer qui cumulait le métier de postier avec celui de marchand de comestibles.

Mes Savoisiens qui, à l'instar de ces Algériens, avaient, dès le lendemain de leur arrivée, élevé dans le haut du village, à gauche, un gourbi avec des broussailles et du diss qu'ils étaient allés quérir euxmêmes, ne tardèrent pas à quitter leur intérieur comme tout le monde.

Ils nous reconnurent de loin ma femme et moi et accoururent immédiatement à notre rencontre.

Les effusions du premier moment passées, ils nous accompagnèrent jusqu'à la porte de leur pauvre demeure où ils s'étaient réfugiés quelques instants auparavant en prévision de la pluie qui menaçait de plus en plus de tomber. Là je déchargeai le baluchon que j'avais apporté, juste l'indispensable en attendant d'être organisé et de pouvoir prendre mon modeste mobilier laissé en dépôt à la gare de Tatfaman.

La bonne mine de mes compatriotes me rassura bien vite sur leur état d'esprit. Je constatai facilement, après quelques mots de conversation, que leur moral n'était pas attaqué et qu'ils avaient vaillamment supporté les fatigues du voyage, l'absence de leurs femmes et les mille petits ennuis des débuts.

J'en éprouvai un vif soulagement.

La vie sous le gourbi. — M. Bonnaure, le plus ancien colon de l'endroit, celui-là même qui s'était établi dix-huit ans auparavant près du puits d'Hassi-Zehana, à un kilomètre du village, se rendant compte de l'impossibilité dans laquelle nous allions nous trouver de loger ma famille et moi avec les gens d'Hermillon, tous des hommes, voulut bien m'offrir une hospitalité que je n'oublierai pas, bien qu'elle me rappelle des souvenirs plutôt drôles.

Sa maison n'étant pas très grande, il nous donna ce qu'il avait de disponible. Et dame, ce n'était pas précisément un palais. C'était tout simplement une ancienne écurie qui devait nous tenir lieu, pendant plus de trois semaines, de chambre à coucher pour ma femme, mon garçonnet et moi.

Quelques doigts de paille, étalés devant une mangeoire vide, nous permettaient de reposer nos membres fatigués ; des sacs suspendus faisaient l'office de rideaux et nous protégeaient — oh ! si peu — contre les rafales alors terribles du vent d'Ouest, le froid, la pluie et les rayons de la lune.

Mais à quoi eût servi de récriminer ? — C'était trop tard. Du reste. mes pauvres compatriotes n'avaient-ils pas aussi leurs petites misères et cependant ils ne se plaignaient pas, encore qu'ils fussent plus mal partagés, avec leur gourbi étroit sans lumière et sans air.

Ne leur advenait-il pas souvent d'être obligés de se lever subitement. au milieu de la nuit, alors qu'ils dormaient paisiblement, rèvant sans doute à la fortune ou au pays, pour aller quérir au loin une poignée de diss et boucher les gouttières produites par les pluies torrentielles qui tombaient presque constamment depuis leur installation.

Les premiers découragements. — Les autres colons, venus de France comme nous, et même les Algériens, qui arrivèrent par cette dure série de mauvais temps, eurent à passer de plus rudes épreuves encore, forcés qu'ils furent de s'entasser dans les trois seules cantines existant.

Aussi beaucoup d'entre eux, dégoûtés du climat, découragés par le spectacle de la broussaille qui enserrait le village de toutes parts comme dans un étau, désespérant de réussir et fatigués par la vie pénible et misérable à laquelle ils étaient réduits, s'enfuirent de Tassin, abandonnant leurs concessions malgré tout ce qu'on pût leur dire.

Une trentaine de Français et quelques Algériens — en tout exactement trente-trois — renoncèrent ainsi à leurs attributions, à la plus grande satisfaction d'autres candidats de la Métropole et de la Colonie qui, n'ayant pu être choisis, faute de lots suffisants, lors de la répartition initiale, eurent la chance d'être désignés pour les remplacer.

Enfin le temps se remit, aux environs du Nouvel An, à la grande joie de tous les colons et en particulier de mes compatriotes qui s'empressèrent de profiter de ces premiers beaux jours pour monter au plus vite la baraque commune qu'ils avaient apportée d'Hermillon, reconnaître leurs lots et se faire mettre en possession par l'honorable M. Martin, géomètre du service topographique de Sidi-bel-Abbès, qui avait été envoyé par l'Administration supérieure pour procéder, (comme cela se fait dans chaque nouveau centre), à la remise des terres aux Emigrants et aux Algériens.

Nanti du plan du village, dont j'avais pris copie dès mon arrivée, je passai, durant le mois de janvier, toutes mes journées au dehors, courant par monts et et par vaux avec mes Savoisiens et les autres colons qui me le demandaient, pour les aider à trouver leurs bornes. Presque tous me rémunéraient de ma peine, selon leur générosité.

Je leur fus ainsi d'une certaine utilité ; mais ils me rendirent également bien service en me permettant d'épargner mes modestes ressources.

Le problème de l'existence au village. — La vie à Tassin n'était pas chère au début. Les trois éléments, qui sont les plus nécessaires à l'existence de l'homme, le pain, le vin et la viande. s'y trouvaient en abondance et à bon prix. On avait un kilogramme d'excellent pain blanc pour 0.30 centimes, et un litre de vin pour 0.20, 0.25 ou 0.30 selon la qualité. La viande de mouton valait 1 franc le kilo et celle de bœuf 1 fr. 10 ; mais on n'en mangeait pas précisément tous les jours.

Les indigènes apportaient au village des œufs que les colons leur achetaient à raison de six sous la douzaine et aussi des poules dont le prix variait de quinze à trente sous pièce, selon la grosseur. La plupart étaient destinées à leur basse-cour qu'ils commençaient à se constituer ; un certain nombre servaient à leur alimentation, mais seulement les dimanches.

De temps en temps — la chasse étant alors ouverte — les colons qui avaient eu les moyens de se procurer un permis, un fusil et de la poudre, rapportaient quelques pièces de gibier qui mettaient un peu de variété dans la nourriture des ménages presque toujours constituée d'une unique soupe préparée d'après la mode de la région d'où chacun était originaire.

Plusieurs, faisant ainsi concurrence aux Arabes, en vendaient une partie pour avoir un peu d'argent et acheter de nouvelles munitions et des provisions. On avait une perdrix pour dix sous et un lièvre pour vingt-cinq et trente sous.

Les pommes de terre étaient le légume presque exclusivement consommé par les habitants, car elles coûtaient trois sous le kilo.

Les condiments nécessaires aux aliments n'étaient

pas chers non plus ; un kilo de sel valait deux sous, tandis qu'en France on le payait huit ; quant au poivre, avec deux sous, on en avait 20 grammes, tandis qu'en France c'est tout au plus si on en aurait eu cinq.

Le café à l'usage duquel les Algériens n'avaient pas tardé à habitu er les Emigrants représentait, avec le sucre, la principale matière de luxe employée.

Le plus difficile n'était certes pas de trouver toutes ces marchandises à Tassin. L'important était d'avoir l'argent nécessaire, les avances permettant de les acheter jusqu'au jour où il serait possible de se les procurer avec les bénéfices donnés par les concessions. Cet instant ne semblait pas être proche car les colons avaient encore à construire leurs maisons, à défricher et à mettre leurs terres en rapport avant d'en arriver à cette possibilité.

Or, avec les modestes ressources exigées par l'Administration de chacun d'eux, il semblait bien difficile pour atteindre ce triple résultat de ne pas avoir recours aux prêts d'argent et aux cantines.

A Tassin, comme partout ailleurs, dès notre arrivée, nous trouvâmes des prêteurs d'argent et des tenanciers de cantines ; mais soit que les Emigrants et les Algériens eussent les cinq mille francs réglementaires et même plus, soit qu'ils fussent, pour la majeure partie, des gens prudents et avisés ne s'engageant pas à la légère, ils n'eurent pas beaucoup à souffrir de ces deux catégories d'utilitaristes à morale spéciale.

Quelques concessionnaires qui avaient obtenu dans leur pays de ces néfastes certificats de complaisance

que certains maires de France ont une tendance à
accorder trop facilement à ceux de leurs compatriotes
dont ils veulent se débarrasser et qui, en réalité,
peu aptes à faire valoir des terres, ainsi qu'un
certain nombre d'imprévoyants et de dépensiers se
trouvèrent, il est vrai, dans l'obligation de recourir
à l'emprunt numéraire ou marchandises et même aux
deux ; mais ils eurent encore la chance de rencontrer à
Tassin, des industriels assez honnêtes, n'exigeant
que du 6 ou du 7. qui patientèrent même jusqu'au
jour de la première bonne récolte, de sorte que
relativement peu nombreux — une quinzaine environ — furent ceux d'entre eux qui finirent par être
dépossédés de leurs concessions.

Construction des maisons. — Dès la fin de janvier, les colons, désormais pourvus d'un abri provisoire mais sûr, songèrent à se construire une maison
simple et commode et à défricher leurs champs
pour pouvoir les cultiver ensuite.

La nécessité d'avoir une habitation définitive à
brève échéance leur apparaissait comme la première
de toutes. Ils venaient, en effet, de voir tous les
inconvénients de la vie sous le gourbi. Ils en étaient
profondément fatigués et ils aspiraient tous avec
impatience, aussi bien les Emigrants que les autres
et que mes compatriotes déjà dans une situation
meilleure sous leur baraque, au moment désiré qui
leur permettrait. sous une demeure mieux condi-
tionnée, de reprendre une existence plus confortable,
plus conforme aux exigences de l'hygiène et de la
civilisation.

4

Plusieurs d'entre les Algériens, plus pressés, s'étaient, du reste, déjà mis à bâtir dès la mi-décembre.

De ce nombre était M. Charles Colin, qui devait plus tard devenir le premier adjoint spécial de Tassin. Il eut l'honneur d'édifier de ses propres mains sa maison toute entière, sur le lot n° 49, et ce fut une de celles qui, par la suite, résistèrent le mieux à toutes les intempéries de nos saisons.

Mme Vve Benedetto avait également déjà fait élever, sur le lot n° 64 où se trouve aujourd'hui le « Grand Café de Tassin », les gros murs de son établissement ; mais les fortes pluies du commencement de février devaient les faire s'écrouler.

M. Rambaud, Daniel sur le lot n° 47 et M. Boyer Adrien sur le lot n° 70 avaient aussi commencer leurs constructions.

Ce fut alors une véritable fièvre dans tout le village. Sur toute sa surface on vit bientôt se dresser rapidement des séries de bâtisses à murs tout jaunes tranchant sur le vert des lots urbains encore inoccupés, attendant soit l'arrivée, soit la décision de leurs propriétaires.

Tandis que certains colons, transformés en maçons plus ou moins habiles, s'utilisaient courageusement, sous la haute direction de professionnels, d'autres surveillaient le travail des gâcheurs espagnols et indigènes mêlant la paille menue au tuf extrait de la terre déblayée, ou s'occupaient à décharger les pierres que des tombereaux, conduits par des parents, des frères, des fils, des compatriotes, rapportaient de la carrière que l'administration avait eu antérieurement la précaution d'aménager.

Les Savoisiens, continuant leurs pratiques de solidarité des premiers jours, furent de ceux qui élevèrent eux-mêmes leurs maisonnettes.

Plusieurs d'entre eux, ainsi qu'on l'a vu, étaient maçons, d'autres connaissaient la menuiserie, la serrurerie, la forge, etc. ; d'autre part ils avaient pour rien la pierre de la carrière publique, la terre de leurs lots urbains et le bois de la broussaille.

A eux neuf, avec leurs trois grands gars de quinze à seize ans et les quelques camarades qui les avaient accompagnés, ils eurent tôt fait d'édifier toutes leurs demeures en commençant par celle de François Arbessier que le sort avait favorisé le premier et d'élever sur leurs terrains contigus, le long du côteau, sur la gauche du village, un vrai quartier Savoisien avec un boulevard des Allobroges et une rue Carnot.

Presque toutes les maisons de Tassin, aussi bien celles des Savoisiens que des autres colons étaient sur un plan uniforme. Elles avaient à peu près 8 mètres de long sur 5 de large et 3 m. 50 de haut. Quatre gros murs soutenant une charpente en bois recouverte de tuiles, tel était le type le plus général.

La grande salle intérieure ainsi formée, non plafonnée, non carrelée, avec, dans un des coins, un fourneau ou une cheminée, servait à tous les besoins. C'était à la fois une salle à manger, une chambre à coucher et une cuisine.

Le terrain, qui s'étendait derrière l'habitation, entouré de quelques pierres superposées ou de broussailles épineuses, constitua la cour où l'on mit ses premières poules et sa chèvre laitière.

Malgré cette façon économique de procéder, ces

petites constructions revinrent à chaque concessionnaire, à près de 1.500 francs, sauf à mes concitoyens qui, n'ayant eu qu'à acheter exclusivement
les matières premières telles que la chaux, le ciment,
le plâtre et le fer, s'en tirèrent avec cinq à six cents
francs. Quant à ceux qui avaient eu recours à des
entrepreneurs. ils durent dépenser de 2.500 à 4.000
francs, somme exagérée pour avoir un logis qui, en
somme, à part une meilleure apparence, ne comportait pas des commodités beaucoup plus grandes.

Pendant toute cette période de travail, l'animation
fut grande au village.

Les rues surtout, continuellement parcourues par
de nombreux équipages, présentaient un aspect
bruyant et mouvementé. Elles retentissaient du matin
au soir d'un sourd roulement mêlé de grincements de
roues, de cris de charretiers, de tintement de gre-
lots de multiples attelages qui s'entre-croisaient
apportant les uns des charges de pierre, les autres
des matériaux de toutes sortes.

Aussi les affaires, déjà considérables à Tassin du
fait de la présence de nombreux colons, d'ouvriers de
toutes sortes occupés à élever les bâtiments communaux, notamment l'école dont les murs sortirent de
terre comme par enchantement, et de défricheurs
qui avaient élu domicile dans les alentours, se
ressentirent-elles de ce perpétuel va et vient de gens,
de bêtes et de voitures qu'il fallait loger et nourrir.

Ce furent encore les pauvres colons qui eurent le
plus à souffrir de la présence de toute cette population de passage, de cet excédent de consommateurs :

les matières premières augmentèrent, en effet, à tel
point qu'elles atteignirent un prix exorbitant.

Les œufs, les légumes, les conserves alimentaires,
les pâtes, et surtout la viande de mouton et de
bœuf, ainsi que les poules — que les indigènes vendaient à un taux relativement assez bas les premiers
jours — devinrent très chers.

A un moment donné l'existence ne fut même pas
précisément drôle pour tout le monde, les lots de
jardins n'étant pas défrichés et la basse-cour n'étant
pas encore garnie.

Durant deux mois, à l'instar de mes compatriotes
et de bien d'autres, nous fûmes obligés, ma femme,
mon garçonnet et moi, de restreindre considérablement nos besoins. Pour ménager mes faibles ressources,
qui commençaient à s'épuiser, nous mangions, matin
et soir, une soupe gratinée à la savoisienne, mais
plutôt maigre.

Ceux qui n'eurent pas le courage de se ser-
rer le ventre et de faire contre mauvaise fortune
bon cœur s'aperçurent, après le départ des étrangers,
quand les prix revinrent à la normale, du supplément appréciable d'argent qu'ils avaient laissé chez
les tenanciers de cantine.

Parallèlement à la construction de leurs maisons,
les concessionnaires s'étaient aussi préoccupés du défrichement de leurs terres ; de cette dure bataille qu'il leur
fallait à tout prix livrer à la broussaille maudite qui
recouvrait leurs concessions sans laisser un seul
mètre carré de libre.

Le défrichement. — Quand on considère actuellement les alentours de Tassin on ne se douterait jamais

qu'il y a quelques années la plupart des champs, qu'on aperçoit plantés en vignes ou cultivés en céréales, n'étaient que brousse ; et on a de grosses difficultés à se rendre compte, notamment, des sacrifices qu'il a fallu que les habitants fassent pour conquérir le sol une autre fois sur l'inculture après que nos soldats s'en furent d'abord rendus maîtres par les armes.

Des deux conquêtes la première fut assurément plus facile que la seconde.

La broussaille algérienne ne ressemble en rien à nos bois de France ; elle n'est pas non plus comparable aux immenses forêts vierges de l'Inde ou de l'Amérique, entrelacées de lianes en fleurs, servant d'abri à une multitude d'oiseaux, de reptiles ou de bêtes féroces. Elle n'est ni aussi touffue que les uns, ni aussi grandiose que les autres : c'est simplement une sorte de fourré d'un mètre cinquante de haut environ, presque entièrement composé d'arbres à feuilles persistantes, tels que chênes-verts à écorce de tan, chênes-blancs nains, jujubiers, romarins, caroubiers, faux-kermès, oliviers sauvages, arbousiers, palmiers-nains, diss, alfa, etc., d'une couleur uniformément verte.

Par contre la ténacité de ses racines est particulièrement remarquable : elle dépasse tout ce qu'on peut imaginer.

Seuls, ceux qui ont dû eux-mêmes opérer le défrichement de leurs terrains ou les faire défricher, savent les peines qu'ils ont éprouvées, les dépenses que cette opération leur a coûté, sans compter les fièvres que ce travail malsain leur a souvent valu pendant des mois et des années.

Si encore il était possible, comme en Amérique, d'y mettre le feu pour détruire d'abord toutes les branches qui gênent la surface et de n'avoir plus ainsi que les racines à extraire de terre ; mais, en Algérie, pareille tolérance n'est pas admise. Après le débroussaillement du dessus du terrain il faut de plus déblayer le sous-sol en arrachant une à une les souches qui y sont pour ainsi dire rivées.

Tels les Hollandais, obligés de conquérir pied à pied leur pays sur la mer toujours envahissante, tels les colons Algériens, dans la plupart des territoires de la Colonie, mais dans des proportions plus ou moins grandes selon les régions, doivent agir vis-à-vis de la broussaille pour arriver à reprendre possession de leurs concessions.

Les gens de Tassin, après avoir été à plusieurs reprises visiter leurs différents lots, eurent un moment d'inquiétude.

Pleins de bonne volonté, désireux de pratiquer économiquement, — car ils sentaient que de longs jours s'écouleraient encore avant qu'ils pussent vivre exclusivement des produits de leurs terrains, — ceux-ci avaient essayé d'enlever eux-mêmes les arbustes, les plantes de toutes sortes qui les recouvraient.

Mais inexpérimentés, peu habitués à un travail aussi pénible, ils s'étaient vite aperçu que les résultats seraient absolument disproportionnés avec leurs efforts et s'étaient résignés à tous les sacrifices, même à vivre misérablement, pourvu qu'on les leur défrichât.

Une nouvelle difficulté se présentait : à quelle main-d'œuvre recourir pour l'accomplissement de cette tâche ?

A celle des autochtones du pays ? — Il n'y fallait pas songer. Il suffisait, en effet, de contempler quelques instants les terres leur appartenant dans le voisinage pour acquérir vite la certitude que cette besogne ne leur agréait pas et qu'ils considéraient bien plutôt la brousse, à la manière du chacal, comme une mère vénérable les abritant gratuitement dans les replis de son vaste manteau de verdure, que comme une ennemie.

Rien n'était plus pittoresque, — ni plus significatif aussi, — que de voir les précautions touchantes avec lesquelles les charrues des indigènes, dans les rares clairières cultivées par eux, contournaient les touffes de palmiers nains et les gros pieds de lentisques qui y émergeaient, semblables à des îlots.

Aussi n'y avait-il qu'un moyen : s'adresser aux charbonniers espagnols qui, depuis la mise en peuplement de Tassin, s'étaient abattus par bandes nombreuses dans les environs.

C'est à cette solution que les colons devaient se résigner.

Comme ils venaient souvent au village, cherchant, mais sans en avoir l'air, l'occasion d'entrer en relations avec les habitants dont ils devinaient l'embarras ils ne tardèrent pas à leur offrir leurs services. Ceux-ci s'empressèrent de les accepter sous certaines conditions que l'on peut considérer comme désastreuses, ce qui ne devait pas empêcher, néanmoins, les colons du centre de Descartes, créé en 1899, à dix kilomètres de Tassin, de tomber dans les mêmes errements. Les Algériens, eux-mêmes, qui connaissaient de longue date ces défricheurs pour les avoir vus pratiquer dans toutes les autres parties du département d'Oran, ne surent même pas se prémunir contre ces contrats de défrichement si onéreux qu'ils extorquèrent à l'ignorance complète des Émigrants.

Moyennant 40 et même 50 francs par hectare et la jouissance de leur lot de grande culture pendant trois ans en moyenne, nos Espagnols, divisés en troupes ou *cuadrillas* plus ou moins nombreuses, — espèces d'associations pour le travail, la nourriture, l'habitation et le gain en commun, — se chargèrent de défricher les lots de chacun en commençant par ceux de jardin et de vigne qui, exceptionnellement, devaient être débroussaillés gratuitement.

Les avantages qu'ils retirèrent de ces marchés de dupes furent énormes.

Indépendamment des récoltes de céréales et de légumes qu'ils purent ainsi faire lever pendant trois ans sur les terrains de leurs mandants. Nos Espagnols touchèrent en plus de 12 à 1.400 francs par concession rendue nette ; sans compter les grandes quantités d'écorce à tan qu'ils arrivèrent à extraire des chênes-vert et qu'ils vendirent à un bon prix ; sans parler également des énormes tas de charbon qu'ils fabriquèrent avec les souches et les racines des lentisques et autres arbres et que des spéculateurs de Sidi-Bel-Abbès venaient leur acheter, sur place, argent comptant, pour les expédier, en séries de wagons complets, de Tatfaman sur tous les points du département.

Les charbonniers, plus pressés peut-être que les colons de voir la terre rapidement dégagée pour en profiter le plus tôt et le plus longtemps possible, se mirent à l'œuvre immédiatement après la signature des baux en due forme qu'ils avaient exigé qu'on leur consentît avant d'arracher la première broussaille.

Dès le mois de mars, c'est-à-dire cinq semaines après, ils eurent déblayé une bonne partie des jardins et des lots de vigne, permettant ainsi aux concessionnaires ·prévoyants qui le voulurent, de semer aussitôt quelques légumes et un peu de céréales qui les aidèrent bien à vivre dans la suite.

Sous la pioche puissante des *cuadrilleros*, le terrain ne·tarda pas à s'éclaircir chaque jour, dégageant le village du cercle étroit dans lequel il était comprimé.

Bientôt il ne resta plus que les parcelles de grande culture. C'était le gros morceau. Aussi leur fallut-il près de deux ans, d'avril 1890 à mai 1892, pour les complètement défricher.

Réparties aux quatre coins du territoire, par suite de la dispersion de ces lots, les *cuadrillas* les entreprirent, dès le commencement d'avril, taillant dans la masse sombre de la brousse, mettant à jour, de ci de là, une belle terre rouge argilo-calcaire à contexture riche qui formait une série de taches rouges sur l'uniformité verte du paysage et bousculant tout devant elles avec une inflexible régularité.

Sous l'impulsion tenace de leur volonté, les défricheurs qui ne connaissaient ni vallons, ni côteaux, non plus qu'aucun arrêt, allaient toujours de l'avant dans cette marche progressive et invincible de la civilisation reprenant ses droits sur la sauvagerie qui semblait reculer épouvantée.

Et, chaque soir, il nous était permis de juger de la

besogne quotidienne effectuée au nombre et à l'importance des bûchers qui s'allumaient dans la plaine et qu'on apercevait du village, annonçant aux trop naïfs habitants de Tassin que si leurs concessions se libéraient de plus en plus ce n'était pas pour leur profit immédiat mais bien pour celui des Espagnols.

Ça faisait vraiment peine au cœur que de penser à pareille chose. Heureusement la plupart des colons ne se rendaient pas du tout compte de la façon dont ils avaient été exploités ; quant à ceux qui commençaient déjà à le deviner ils essayaient de se consoler en se disant qu'en somme le résultat obtenu ne serait pas trop mauvais, puisque au bout d'un couple d'années ils se trouveraient, sans s'être échinés beaucoup, possesseurs d'une trentaine d'hectares de belles terres lisses comme la main, alors qu'ils n'avaient en réalité, aux premiers débuts, que des terrains recouverts entièrement de broussailles et, par conséquent, inutilisables.

Ce qui n'empêche que plus tard ils trouvèrent le temps fort long et la vie bien dure, obligés qu'ils furent — nos Savoisiens tout particulièrement — d'aller travailler, comme journaliers, chez les autres afin de se procurer un salaire suffisant pour les aider à vivre eux et leurs familles en attendant le jour bien heureux où ils rentreraient enfin en possession de leurs grands lots.

La situation administrative de Tassin. — Pendant les trois premiers mois, c'est-à-dire durant décembre, janvier et février, le village de Tassin, dont le peuplement s'était poursuivi dans les conditions que l'on vient de voir, n'existant pour ainsi dire pas encore à l'état de collectivité bien vivante et bien assise, sans grands besoins généraux, avait été rattaché à la section de Lamtar, centre voisin relevant de la commune mixte de la Mekerra, pour tout ce qui avait eu trait à l'état-civil et à la pratique du culte.

L'honorable M. Grasset, à cette époque premier adjoint de la commune mixte de Mekerra, aujourd'hui secrétaire-adjoint à la mairie de Sidi-Bel-Abbès, qui était plus spécialement chargé de l'Administration des sections françaises, nous vint voir souvent durant les premiers débuts, s'informant de nos besoins avec sollicitude, nous donnant des renseignements et des conseils bienveillants.

M. Renoux, qui était alors administrateur de la Mekerra, et qui est actuellement sous-préfet d'Orléansville, nous rendait aussi fréquemment visite. Au cours d'une des tournées qu'il accomplit au commencement du mois de février 1890, s'étant rendu compte que la population de Tassin était déjà considérable, il décida d'ériger le village en section de commune ayant à sa tête un adjoint-spécial chargé de remplir les fonctions d'officier de l'état-civil et de veiller à l'exécution des lois et règlements de police.

Le choix de M. Renoux se porta sur M. Charles Colin, un des meilleurs et des plus estimés colons venus dès le commencement.

Le 12 février, les attributaires présents à Tassin étaient convoqués par M. Grasset pour décider par un vote s'ils voulaient ratifier ou non ce choix.

L'élection eut lieu dans une des pièces de l'école communale, alors en construction.

Là, au milieu de matériaux de toutes sortes, un crible de maçon fut disposé pour servir d'urne officielle et improvisée.

Les électeurs au nombre de 20 y déposèrent leur bulletin ; puis on procéda au dépouillement.

M. Charles Colin, ayant eu 10 voix, contre 8 à M. André Pin, colon algérien, venu d'Aïn-Temouchent, 1 à M. Mollard, et 1 à M. Allard, fut proclamé élu.

Quelques jours après, il recevait sa nomination d'adjoint spécial de Tassin.

Son premier soin fut de nommer un garde-champêtre chargé de faire respecter la propriété de chacun et l'ordre dans la rue.

L'administration de M. Charles Colin, à la fois progressiste et paternelle, devait beaucoup nous profiter.

C'est à lui que les habitants sont redevables de la construction du bassin-réservoir qui se trouve au sud-est du village, du classement de quatre chemins dans le réseau vicinal, de la conservation entière des lots de jardin, dont il empêcha le partage à la grande satisfaction des colons qu'une pareille mesure inquiéta vivement à un moment donné.

Grâce à son énergie à défendre les intérêts de ses concitoyens et grâce aussi à la haute bienveillance de M. le Gouverneur général Tirman et de M. le Préfet Dunaigre, cette décision qui avait été à la veille d'être exécutée fut arrêtée et des canaux d'irrigation suffisamment étendus nous furent accordés, permettant à chacun de nous d'arroser complètement son lot de jardin au lieu de la moitié seulement, comme cela avait été prévu.

Fin de la période des débuts. — Tassin était pour ainsi dire fondé. Il pouvait voguer, sans crainte, de ses propres ailes, car il avait traversé sans à coup, suivant une progression constante, la dure période des débuts. Il était majeur.

Six mois de temps avaient suffi pour obtenir ce merveilleux résultat et faire qu'à la place d'un endroit couvert de broussailles s'élevât une centaine de maisons renfermant près de 300 habitants.

Les gens de Tassin avaient désormais des demeures, — simples il est vrai, mais suffisantes, — des jardins défrichés et irrigables, susceptibles de produire les légumes nécessaires à la famille et des lots de vigne dans lesquels ils s'empressaient déjà de semer des céréales en attendant d'y planter d'excellents cépages.

Ils possédaient en outre un adjoint spécial qui s'occupait activement de leurs besoins ; un bureau de poste encore primitivement installé, c'était entendu, mais qui leur permettait néanmoins de recevoir et d'envoyer souvent des nouvelles sur tout ce qui les intéressait ; des services réguliers de diligences et de courriers qui reliaient déjà l'agglomération à Sidi-Bel-Abbès, à Lamoricière, à Tlemcen, à Tatfaman ; une mairie et une église dont la construction venait d'être commencée ; enfin une école achevée pour leurs enfants qui n'allait pas tarder à être inaugurée.

Que leur fallait-il encore ? Rien.

Ils n'avaient qu'à travailler, à vivre le plus économiquement possible et à patienter, sous la paternelle tutelle de l'administration, jusqu'au moment où, redevenus enfin les maîtres absolus de leurs concessions, en possession de terrains suffisamment étendus et fertiles, il leur serait possible de donner la mesure complète de leur énergie et de leur intelligence et ainsi de se créer une vie plus large et un brillant avenir.

Aussi est-ce avec un sentiment de grande joie et de profonde reconnaissance que la population de Tassin fêta le 101e anniversaire de la Révolution Française, le 14 juillet 1890, d'autant plus que ce même jour on inaugurait son monument scolaire sous la présidence d'honneur de M. Dunaigre, préfet d'Oran, son aimable tuteur.

Rarement on vit habitants d'un centre si récemment créé déployer autant d'esprit d'initiative, de solidarité et d'entrain pour orner leurs rues et leurs maisons.

Rien ne fut oublié : décorations, illuminations, feu d'artifice, jeux, bal, etc., et ce à la grande satisfaction des nombreux voyageurs agréablement surpris qui affluèrent à cette occasion de Sidi-Bel-Abbès et des localités voisines.

Au banquet populaire où presque tous les colons assistèrent, on but à la prospérité de Tassin.

On va voir que ce souhait devait être exaucé.

TASSIN EN 1900

I

L'aspect du village

Dix ans après. — Dix ans se sont écoulés depuis le 14 juillet 1890. Nous sommes aujourd'hui en 1900.

Ceux qui ont vu Tassin au premier jour du peuplement peuvent se rendre compte des progrès de toutes sortes qui ont été accomplis, du développement considérable de la vie économique ainsi que de la vie publique et politique du village, partant de l'énorme différence qu'il y a entre sa situation actuelle et celle d'autrefois.

A la place de l'endroit nu et désert que nous aperçûmes le jour de notre arrivée s'élève un joli bourg en pleine prospérité, presque une petite ville.

De nombreuses maisons, en tout plus de 200, le recouvrent sur toute son étendue. La grande rue, alors solitaire, avec ses bâtons secs plantés en terre qui ressemblaient à des manches à balai, est maintenant l'artère la plus animée, la plus commerçante.

De coquettes habitations, recouvertes d'enseignes éclatantes, la bordent de chaque côté, ainsi que de beaux platanes qui servent de refuge à la race pépiante des innombrables moineaux du pays.

C'est dans cette partie centrale que se sont installés

presque tous les épiciers, cafetiers, boulangers, bouchers et autres boutiquiers. La situation qu'ils occupent le long de la route nationale de Relizane à Tlemcen, où passent tous les convois, tous les voyageurs, permet ainsi plus facilement aux colons comme aux commerçants et aux visiteurs, l'acquisition des diverses marchandises utiles.

La poste et le télégraphe s'y trouvent également et, à voir les nombreuses personnes qui se rendent chaque jour à ses guichets, il n'est pas douteux que le mouvement des affaires soit important à Tassin.

Depuis le temps où les colons étaient obligés d'aller s'enquérir eux-mêmes auprès du père Mayer, alors chargé du service postal, pour savoir s'il n'y avait pas quelque lettre pour eux, bien des améliorations ont été réalisées. Aujourd'hui ce service a son bâtiment spécial. Il est assuré par un receveur, un télégraphiste, un facteur rural et un facteur local. Ils n'ont certes pas le loisir de s'amuser, car avec les deux distributions qui se font chaque jour au village et dans les fermes et la préparation des deux courriers qui sont envoyés à Tatfaman à la correspondance des trains qui vont l'un du côté de Sidi-bel-Abbès et l'autre dans la direction de Tlemcen, et les multiples dépêches et chargements qui sont expédiés du matin au soir, la besogne ne manque pas.

Six artères perpendiculaires, bien entretenues quoique manquant de trottoirs et de caniveaux pavés, viennent aboutir à gauche et à droite de la grande voie centrale, divisant ainsi le bourg en vingt-quatre quartiers susceptibles de contenir plus tard jusqu'à 3.000 habitants.

C'est dans ces parties retirées de Tassin que l'on retrouve, le plus vivace, le souvenir des premiers débuts. Quelques changements, généralement insignifiants, ont été apportés aux maisons primitives au fur et à mesure que se développait la modeste aisance des habitants et que s'accroissaient leurs familles, consistant non pas en embellissements mais en perfectionnements utiles destinés à les rendre ou plus confortables ou plus complètes au point de vue de l'aménagement. C'est ainsi que presque toutes ont été plafonnées et crépies complètement. La broussaille qui constituait primitivement tout l'entourage de la cour a été remplacée par un mur en maçonnerie à l'intérieur duquel courent, au milieu de toutes sortes d'instruments aratoires, de cuves, d'appareils vinaires et de bêtes, la volaille de la famille et le cochon qu'elle engraisse pour le lard de l'année.

Quelques-unes, cependant, celles de ceux qui ont le mieux réussi, ont vu leur unique salle divisée en deux pièces avec une cuisine à part, ou bien ont été complétées par un autre corps de bâtiment non fermé, partagé par le milieu, s'appuyant contre un des côtés de la cour.

Dans une partie de ce local, convertie en remise, ils logent leurs semences, leur vin, — car beaucoup n'ont pas encore de caves, — et leurs approvisionnements ; dans l'autre, qui leur sert d'écurie, sont réunis leurs bœufs de travail, leur cheval, leur vache laitière, leurs chèvres et leurs moutons. Quant au charriot, au pressoir tout rougi des bavures du raisin, à la charrue, à la herse et à la petite voiture à deux roues, si commode pour faire les courses (qu'on utilise à Tassin et dans toute la région de Sidi-Bel-Abbès jusque chez les plus petits propriétaires), tout cela git toujours pêle-mêle, comme avant, à la belle étoile.

La richesse n'est pas encore assez grande pour qu'on ait pu leur créer un abri couvert et fermé.

La plus jolie maison du village n'est pas dans ces quartiers mais bien dans la grande rue en face de chez M. Cubeau qui tient l' « Hôtel de Tassin. » Elle appartient à M. Boutié, le plus riche colon du pays qui l'a fait construire, puis agrandir l'année dernière.

Au milieu de Tassin s'élève, d'un côté à droite, à la place du carré mal damé qui se trouvait là autrefois, un emplacement bien net planté de platanes et de caroubiers, fermé au fond par notre petite église, achevée en 1892, dont le minuscule clocher s'aperçoit pourtant de cinq kilomètres à la ronde et par la mairie, espèce de bâtisse sans prétention, composée d'un seul rez-de-chaussée, mal aménagé bien que suffisant, où se traitent les affaires de la commune et où se réunit le Conseil municipal depuis qu'on a abandonné la pièce de l'école des garçons où, jusqu'en 1892, époque de l'achèvement de ce bâtiment communal, l'adjoint spécial avait toujours tenu son bureau.

L'école. — De l'autre côté à gauche, en retrait sur l'emplacement qui faisait vis à vis à celui où l'on voit la mairie et l'église, se dresse le monument scolaire que l'on a inauguré le 14 juillet 1890.

Ce n'était alors qu'une simple bâtisse constituée d'un rez-de-chaussée, avec une seule et grande salle de classe, à l'extrémité de laquelle deux petites pièces exiguës et un trou de cuisine avaient été réservées à l'instituteur.

C'est dans ce local primitif qu'il habite encore depuis qu'au mois de juillet 1890, après six mois d'existence dans la baraque en planches qu'il avait louée, il eut la possibilité d'en déménager.

Un étage s'est ajouté en 1894-95 à cette première construction formant un ensemble qui ne fait pas trop mal et qui doit certainement produire une certaine impression sur les voyageurs qui passent et qui réfléchissent.

L'eau d'alimentation. — Devant l'école existe une borne-fontaine qui coule constamment. Avec les quatre autres qui sont placées au centre de chacun des quatre grands carrés qui s'étendent autour de la place publique, elle suffit pour permettre à tous les habitants de Tassin de s'approvisionner facilement de la bonne eau fraîche que la conduite d'Aïn-Tellout, après être passée près du puits d'Hassi-Zehana, avoir traversé la route nationale près de chez Bonnaure et avoir gagné le bassin-réservoir qui domine au Sud-Ouest le village, amène dans les rues et à la porte des maisons.

Une sixième fontaine alimente le lavoir qui est situé hors de Tassin et en contre-bas, près de l'entrée de Sidi-bel-Abbès. Il n'est plus inoccupé comme alors. D'actives ménagères, rangées autour des grands bassins, sous le préau ombrageux, véritable forum où celles-ci se racontent toutes les petites nouvelles locales, lavent constamment le linge de la famille. A la blancheur de neige de celui que l'on peut voir chaque jour s'étalant, accroché aux buissons épineux bordant la route et le Bivouac, on peut juger de la bonne qualité de l'eau, de la robustesse des bras qui l'ont battu, tordu et rincé, et trouver aussi une preuve nouvelle qu'il est possible à l'homme — et à plus forte raison à la femme — de mener deux choses de front : bavarder et travailler par exemple.

Jardins, eau et canaux d'irrigation. — Le trop plein des eaux de toutes ces fontaines file dans les caniveaux et parvient jusqu'aux jardins des colons situés sur la gauche un peu plus loin que le lavoir en question, le long de la route de Tassin à Sidi-Bel-Abbès. Près de là d'énormes et nombreuses meules de paille appartenant aux habitants se dressent semblables, avec l'enduit de terre glaise qui les recouvre, à de véritables maisons, attestant par leurs masses imposantes de l'importance des récoltes qui se font chaque année.

L'excédent des eaux qui arrivent dans le lavoir et l'abreuvoir placés au Sud-Ouest, près de la sortie vers Tlemcen, est canalisée le long du boulevard Nord et arrosse tous les lots qui sont situés de ce côté.

Des canaux secondaires d'irrigation sillonnent les jardins en tous sens, se croisant et s'entremêlant, conduisant l'eau génératrice et bienfaisante dans les carrés de pommes de terre, de choux, d'oignons, d'artichauts, de salades. C'est là que les hommes, même les femmes — plus particulièrement celles des Savoisiens — s'occupent continuellement, soit à bêcher, soit à arracher les mauvaises herbes, soit à repiquer les salades et les oignons, soit à biner les plants de pommes de terre et de tomates.

Malheureusement, malgré cet arrosage, ces champs ne donnent que des légumes d'assez mesquine apparence, peu savoureux et peu nombreux. En réalité ils sont encore insuffisamment irrigués et la terre manque de potasse. Il serait facile de remédier à ce dernier inconvénient par l'emploi d'engrais qui rendraient au sol cet élément chimique qui lui fait défaut. Les colons s'y résoudraient bien, mais il faudrait aussi avoir la certitude que l'eau ne ferait pas défaut non plus. Avec ce liquide et de la potasse ils seraient sûrs d'obtenir d'excellents produits qui compenseraient largement le supplément de dépense nécessaire pour réaliser cette double amélioration dans les cultures de jardin. Ils éviteraient ainsi d'être tributaires, comme ils le sont encore aujourd'hui, de Sidi-Bel-Abbès, de Lamtar, de Parmentier, de Lamoricière et de Tlemcen, d'où les légumes leur viennent à un prix assez élevé.

Ce manque d'eau, que l'on constate surtout en été, provient de ce fait que le débit fourni par la conduite d'Aïn-Tellout n'est que de 12 litres à la seconde pour tous les colons.

Quand chaque habitant a fait sa provision — alors plus considérable qu'en hiver — pour son usage et celui de ses bêtes ainsi que pour l'hygiène de sa maison ; quand les bassins et abreuvoirs publics ont été alimentés, il ne reste, en somme, plus grand chose pour l'irrigation des légumes, si on veut bien compter que les canaux d'amenée et de répartition, étant pour une bonne partie creusés dans la terre même, absorbent encore beaucoup de liquide.

Assurément cette quantité d'eau — les 12 litres — était

autrefois largement suffisante pour la consommation et l'arrosage ; mais, avec l'augmentation de la population, l'accroissement des cultures, les besoins se sont développés, la dépense en liquide aussi, de sorte qu'à ce jour, étant donnée la prospérité sans cesse croissante du village, les ressources en eau, déjà très justes, menacent de devenir à bref délai insuffisantes. Il y aurait même lieu de prévoir bientôt pareille situation et de l'éviter en créant, soit une nouvelle conduite parallèle permettant d'amener, des sources d'Aïn-Tellout dont le débit est encore très considérable, un volume double de celui fourni par la première, soit un deuxième bassin-réservoir immense capable de retenir pour l'été les eaux qui arrivent en hiver et qui ne sont pas utilisées.

L'éclairage et la sécurité. — Si le centre est à peu près pourvu en eau potable, il manque absolument d'un éclairage digne de son importance.

Bien qu'on n'en soit plus au temps déjà lointain où les habitants se contentaient pour toute lumière de « l'obscure clarté » tombant des étoiles ou des rayons de la blonde Phœbé, les quelques reverbères officiels pourvus de lampes à huile fumeuses qui se trouvent presque tous dans la grande rue, ne réalisent pas cependant le dernier cri du genre en matière d'éclairage public.

Leur insuffisance est surtout notoire pendant les sombres nuits d'hiver. C'est alors que les malandrins des Oulad-Mimoun, tribu voisine renfermant pas mal de larrons et de brigands, profitant de l'obscurité dans laquelle est plongé tout le village et du froid qui tient les colons calfeutrés et endormis sous un sommeil pesant dévastent tranquillement les poulaillers et les écuries, enlevant volailles, chèvres, moutons, pelles et pioches oubliées dans la cour et ce à la barbe des chiens, pris on ne sait de quelle frayeur complice devant les voleurs indigènes et malgré la vigilance du garde-champêtre qui ne peut plus seul et sans le secours d'une brigade de gendarmerie, faire à la fois le jour le vaguemestre de la mairie et garder les récoltes des champs et le soir veiller sur les habitations.

Les voies de communication. — Par contre les voies de communication ne manquent pas à Tassin. Celui-ci est à la fois relié à son chef-lieu d'arrondissement Sidi-Bel-Abbès, à son chef-lieu de canton judiciaire Boukanéfis et à sa capitale de département Oran, par une route et par un chemin de fer.

Cent vingt kilomètres le séparent d'Oran et trente de Sidi-bel-Abbès par la route. tandis qu'en chemin de fer il y a en tout cent vingt-quatre sur lesquels quarante-six de Tassin à Sidi-Bel-Abbès.

Trois chemins très bien entretenus conduisent de Tassin vers les trois centres les plus rapprochés qui l'entourent et qui sont : à l'Est. Lamtar qui fut créé en 1875 et qui est distant de dix kilomètres ; au Sud Tatfaman et à l'Ouest Descartes, à neuf kilomètres. déjà prospère, qui a été peuplé au mois de janvier 1899 sous la haute administration de M. Laferrière,

II

Le développement de la vie publique et politique de Tassin

Les habitants n'ont pas non plus à se plaindre de la salubrité du pays.

La salubrité du pays. — Le village, tout particulièrement, qui est établi en majeure partie le long d'un petit côteau légèrement incliné, à une altitude assez élevée, 650 mètres, bénéficie d'une ventilation presque constante d'Ouest en Est chassant au loin les émanations et d'un système régulier d'écoulement des eaux les empêchant de demeurer stagnantes.

D'autre part les nombreuses plantations d'arbres qui ont été faites en bordure des rues et autour du centre, ainsi que les grandes cultures de céréales et de vignes entreprises sur le territoire de la commune, ont également contribué, dans une large mesure, à assainir la région.

Aussi la santé des Tassinois a-t-elle été toujours excellente. Jamais une maladie endémique, même aux premiers débuts ; à peine quelques rares fièvres de temps en temps, et encore ce n'a été que des fièvres d'importation.

Les colons — s'ils n'eurent pas la jouissance de leurs terres dès leur arrivée par suite des contrats de défrichement qu'ils passèrent — purent se flatter de n'avoir pas laissé beaucoup de victimes derrière eux, comme cela se serait produit fatalement s'ils avaient débroussaillé leurs lots eux-mêmes, au milieu des émanations délétères qui se dégageaient de ce sol qui n'avait peut-être pas été remué par la main de l'homme depuis des siècles.

Les enfants et les jeunes colons. — Pour se rendre compte de la salubrité, il n'y a qu'à voir la mine des gens du pays, plus particulièrement celle des gamins ; qu'à considérer aussi bien le champ de repos peuplé de rares colons français, que les registres de naissance de l'Etat-Civil.

Ceux-ci se remplissent chaque jour davantage, à tel point que des malicieux, qui ont essayé de rechercher la cause de ces tendances prolifiques ont pu prétendre que c'était à l'excellence de l'eau que l'on devait cet accroissement rapide du nombre des enfants.

Que ce soit là la vraie raison ou non, peu importe. Toujours est-il que la population enfantine a augmenté à Tassin dans des proportions étonnantes depuis 1890.

De 41 élèves que se composait la classe de l'instituteur à l'époque des premiers débuts, elle ne tarda pas à passer à 60, puis à 80 et à atteindre le chiffre de 100 en 1891.

En janvier 1892 ils étaient 120. Comme il était impossible d'enseigner convenablement à autant d'écoliers à la fois on dédoubla l'école qui avait été mixte jusque là.

Mme Montoya, encore actuellement à Tassin, mais comme directrice de la section féminine, fut alors nommée institutrice. Elle eut 75 filles et l'instituteur 85 garçons à instruire.

Au commencement de l'année scolaire 1894-95, le nombre des enfants étant monté à 185, on dut donner, à Mme Montaya et à M. Serain, à chacun un adjoint.

Aujourd'hui 205 élèves de 5 à 14 ans suivent les cours, mais ce chiffre n'est pas celui de toute la population enfantine du village. Il faut y ajouter en plus 60 bambins de 3 à 5 ans qui courent les rues faute d'une cinquième classe dont le besoin est urgent et 50 marmots plus jeunes qui font la désolation de leurs mères, soit en tout près de 315 garçons et fillettes de 1 an à 14 ans.

Mais il y a aussi les jeunes gens et jeunes filles qui ont quitté l'école il y a plusieurs années et ceux qui, d'un certain âge lors de leur arrivée en 1890, n'ont pour ainsi dire fait que passer en classe et ont grandi depuis.

Cela constitue encore un groupe particulier qu'on peut évaluer à 80 ou 85 individus qui porte à près de 400 le total des jeunes Tassinois.

Quelques-uns parmi ces derniers ont atteint leur majorité ; plusieurs ont même convolé en de justes noces ; et d'autres sont mêmes pères de famille ou mamans. Rien que du côté des Savoisiens on a compté notamment 8 mariages en dix ans, dont six entre leurs descendants et ceux d'autres habitants. et deux exclusivement entre eux sur un total d'une trentaine d'unions pour tout Tassin.

Les parents de sept ou huit de ces jeunes ménages qui avaient des moyens suffisants ont acheté des lots lors de l'agrandissement de 1898. afin de les conserver près d'eux, pour leur venir en aide et les conseiller.

C'est malheureusement une exception, car il ne

faut pas espérer que beaucoup d'autres pères de famille, du moins d'ici quelque temps, puissent agir de même pour tous leurs fils ou filles et que ceux qui ont établi l'aîné soient en mesure de fournir un avantage semblable aux frères et sœurs qui les suivent.

La population de Tassin. — Comme on s'en doute bien, l'accroissement de la population générale de Tassin s'est ressentie de l'excédent de naissances que nous avons constaté. En dix ans le nombre de ses habitants a plus que doublé sans qu'aucun élément extérieur et nouveau soit venu s'ajouter à celui de 1890.

Les 300 colons qui se trouvaient à Tassin à cette époque avaient triplé au dernier recensement de 1897. Il y avait en effet 918 personnes sur lesquels 544 français, 287 étrangers naturalisés ou non, 27 israélites et 11 marocains ou tunisiens. Ce chiffre est actuellement monté à plus de 1.000, dont 825 français et naturalisés, 87 savoisiens, 150 étrangers, 25 indigènes.

Des résultats tels que ceux-là démontrent plus que tout ce qu'on pourrait dire la vitalité et la prospérité d'un pays.

L'administration du village. — Au cours des dix années qui se sont écoulées depuis le 14 juillet 1890, le village a vu son organisation administrative, d'abord très réduite, évoluer progressivement et, par étapes successives, arriver à l'autonomie pleine et entière.

Jusqu'en 1895 Tassin, érigé en section, dépendit de

la commune mixte de la Mekerra ; plus tard il acquit la libre disposition de ses ressources et la complète direction de ses affaires : c'est aujourd'hui une commune de plein exercice de 4.000 hectares, juste la superficie de terre affectée au périmètre du centre lorsqu'il fut créé.

Durant les cinq premières années, cinq adjoints spéciaux se succédèrent à la tête du nouveau centre. Le premier fut M. Colin qui joua un rôle important ainsi qu'on a pu s'en rendre compte dans le chapitre précédent, puis M. Callaud, ancien officier décoré, qui se dévoua dans toutes les circonstances pour être utile à ses concitoyens durant l'intérim qu'il accomplit de juillet à novembre 1891.

Celui-ci eut pour successeur M. Delabre Jules, en novembre 1891. Il resta jusqu'au 29 octobre 1893. C'est à lui qu'on doit le chemin du cimetière, qu'il a fait construire et border d'arbres au moyen d'une souscription publique et le bureau de poste.

Enfin M. Roos Jules, un des colons du début, celui qui s'était fait mettre le premier en possession de sa concession, en novembre 1889 et qui fut nommé adjoint spécial le 29 octobre 1893. Il devait être le dernier, car c'est au cours de son administration qu'apparut nettement la nécessité d'ériger Tassin en commune de plein exercice.

Le village avait, en effet, vu croître ses ressources dans des proportions telles qu'elles suffisaient largement à ses besoins et même au-delà, puisque près de 15.000 francs de recettes, qui lui étaient propres, servaient à alimenter les sections sœurs de la commune mixte de la Mekerra dont les budgets étaient en déficit.

Aussi tardait-il aux Tassinois, bien qu'ils n'aient jamais eu à se plaindre de la tutelle de la commune mixte, d'obtenir une plus grande indépendance qui leur permit de consacrer toutes leurs finances, exclusivement au profit de Tassin, à des améliorations devenues urgentes dans différents de leurs services publics notoirement mal pourvus, tels que la poste et le télégraphe, l'instruction publique et le culte.

M. Roos, qui se rendait plus que personne compte de la situation, eut néanmoins à lutter quelque peu pour décider l'érection en commune de plein exercice.

La commune mixte de la Mekerra, connaissant la tendance qu'ont les nouveaux centres à chercher, pour des raisons parfois peu sérieuses, à se diriger trop vite par eux-mêmes, sans se préoccuper s'ils ont des ressources assez grosses pour parer à tous les événements difficiles qui peuvent se produire, resista tout d'abord.

Mais le village avait si rapidement prospéré, ses habitants présentaient d'une part des garanties si sérieuses au point de vue travail, tranquillité et aptitudes, et d'autre part ses recettes étaient si élevées et si assises à la fois, qu'il parut injuste de vouloir les empêcher d'en avoir la gestion exclusive ; de sorte que le 8 janvier 1895, par décret, Tassin fut érigé en commune de plein exercice.

III

Le développement de la vie économique du village

La température. — La température à Tassin est à peu près celle de toutes les autres parties de l'Algérie situées dans les plaines qui s'étendent au bas des contreforts méridionaux de l'Atlas Tellien. En hiver, elle est assez douce, sauf lors des grands et fréquents orages qui se produisent en janvier, février, ou des coups de vent d'ouest. Bien qu'il soit tombé deux ou trois fois de la neige depuis dix ans, et bien qu'elle ait même persisté, en 1891, jusqu'à quatre jours de suite, le thermomètre n'est jamais descendu à 0°, sauf le 7 mars 1900 où, par extraordinaire, il est arrivé à 4 au-dessous de 0°.

Par contre, en été, la chaleur y est élevée. Elle varie entre 35 et 38°.

Cultures. — Le territoire de Tassin, c'est-à-dire les 3.300 hectares qui restaient sur les 4.000 affectés au périmètre de colonisation du village, — déduction faite des 425 hectares de communaux qui servent au parcours du troupeau du village composé de moutons et de chèvres appartenant à chaque colon — et des 275 hectares réservés au domaine public, est aujourd'hui complètement complanté en céréales et en vignes, les deux seules cultures que permette le sol de Tassin, d'une nature généralement sablo-calcaire, avec surface plus ou moins riche en humus selon les endroits, plaine ou côteau.

Céréales. — La superficie ensemencée en céréales est de 2.700 hectares.

Pour obtenir de bonnes récoltes il faut remuer profondément la terre et d'une façon uniforme en même temps que recourir à des labours préparatoires répétés deux et même trois fois, ainsi qu'à l'emploi de bonnes semences.

Malgré toutes ces précautions — et alors qu'il survient suffisamment d'eau aux époques propices — le rendement moyen, bon an mal an, n'est encore que de 10 à 20 quintaux de blé ou d'orge à l'hectare et de 12 à 25 d'avoine.

Il est certain qu'avec des engrais et une utilisation intelligente de ces produits qui rendraient au sol soit les éléments fertilisants perdus, soit ceux qu'il n'a pas, on obtiendrait de bien meilleurs effets et que le surcroît de dépenses que cette pratique causerait serait largement compensé par le supplément de production et par la possibilité qu'aurait chaque concessionnaire de mettre ses 30 hectares entièrement en rapport, alors qu'il est obligé actuellement d'en laisser sinon la moitié, tout au moins le tiers, en jachères.

L'engrais de ferme est bien le plus facile à obtenir et celui qui donne les résultats les plus immédiats, mais son efficacité est limitée à deux ans et d'un autre côté il n'en existe pas beaucoup au village parce que les bestiaux n'y sont pas nombreux. Quant aux matières phosphoriques, qui sont un excellent adjuvant pour les blés et les orges, elles sont trop coûteuses, le quintal revenant à 24 francs à Bel-Abbès, sans compter les frais de transport qui s'élèvent à

0 fr. 75 jusqu'à Tatfaman et à 0 fr. 30 de Tatfaman à Tassin, portant le prix total à 25 fr. 05. D'autre part les colons n'étant pas encore assez familiarisés avec cette question, préfèrent ne pas avoir recours à ces matières fertilisantes.

Tassin trouve cependant moyen d'exporter 25 à 30.000 quintaux de céréales par an, réserves déduites pour la consommation personnelle des cultivateurs, pour leurs bêtes et leurs semences.

La vigne. — Le vignoble du village s'étend sur 500 hectares, dont 400 en plein rapport. Ce n'est rien comparé à celui de toute l'Algérie ou seulement à l'étendue de celui de l'arrondissement de Sidi-Bel-Abbès, mais c'est déjà beaucoup quand on songe qu'il y a à peine dix ans il n'y en avait pas un seul pied dans toute la région, alors seulement recouverte de broussaille ; que les premiers ceps plantés, environ une centaine, le furent en 1889, autour du puits d'Hassi-Zehana, par M. Bonnaure et que le premier lot de vigne du village ne fut créé qu'en janvier 1891.

Les Tassinois, pris de la fièvre de la vigne, ont une tendance comme les populations de Sidi-Bel-Abbès, à réduire, chaque année, leurs semis de céréales. D'ici sept à huit ans la viticulture dominera dans le pays, peut-être même existera-t-elle exclusivement, les colons considérant cette culture comme d'un rapport plus rémunérateur.

Bien que cela soit exact, on ne saurait complètement approuver la pratique qui les mène insensiblement à la monoculture, notamment pour les petits d'entre eux qui, n'ayant que des surfaces de terre relativement restreintes, ont plus besoin de faire un peu de tout pour obvier aux mille nécessités d'une exploitation complète et rationnelle, que de risquer une ruine radicale le jour où, par suite de circonstances commerciales défavorables ou de mauvaises années, ils ne pourraient retirer de leurs vignes et de leurs vins les bénéfices attendus.

Les ceps sont mis en terre dans la région, depuis fin décembre jusqu'à fin mars au plus tard, mais le meilleur moment va certainement du 15 janvier au 15 février.

Pour planter, on commence à défoncer soigneusement le sol à 50 centimètres de profondeur. Puis on pique les sarments généralement sur 1 mètre de distance en long et 1 m. 50 en largeur, ce qui fait environ 3.300 pieds à l'hectare. C'est là un espacement qu'il serait peut-être plus habile de porter à 2 mètres sur 2 car il permettrait le labour à la charrue, partant donnerait une économie de temps et d'argent et une aération plus grande des pieds pendant les chaleurs.

Les cépages qui s'accomodent le mieux à Tassin du climat exclusif de toutes gelées et du sol à la fois frais et léger qu'on y trouve, sont l'Alicante, le Morastel et le Carignan.

Le rendement à l'hectare n'y est jamais supérieur en moyenne à 40 hectos. Cela tient à ce que, au début et jusqu'à ces derniers temps même, on n'avait pas bien défoncé les terrains. Mais, aujourd'hui, les dernières vignes plantées dans des terres profondément remuées et taillées selon les principes de la taille à long bois, commencent à rendre déjà plus de 60 hectos à l'hectare et cela ne fera qu'augmenter au fur et à mesure qu'elles prendront de l'âge.

N'empêche que l'année dernière, qui fut une mauvaise année entre toutes au point de vue viticole, par suite du siroco de juillet 1899, le village a cependant pu suffire amplement à sa consommation et encore vendre au dehors près de 1.000 hectos au prix moyen, mais peu ordinaire, de 18 francs. En année courante, les Tassinois trouvent acquéreurs pour leur vin au prix moyen de 13 à 16 francs et pour leurs raisins sur pied à raison de 7 à 10 francs le quintal, soit parmi les grands acheteurs de Sidi-Bel-Abbès ou de France, soit parmi certains colons du village même qui, plus riches que les autres et ayant un matériel vinaire complet et scientifique, usent de ce procédé pour adjoindre à leurs propres récoltes insuffisantes, soit comme quantité, soit comme qualité, des produits de vignobles voisins ou de cépages différents de ceux qu'ils ont plantés.

Les travaux nécessaires à la culture des céréales et de la vigne sont faits par les colons eux-mêmes ou par des ouvriers français et indigènes.

Les labours, les battages, les soins nombreux et minutieux dont a besoin la vigne, sont l'œuvre exclusive des habitants ou des ouvriers européens dont le prix moyen est de 2 fr. 50 par jour.

Quant aux moissons elles sont coupées par les Marocains et les Espagnols ; pour les vendanges on emploie les Arabes du pays, au prix moyen de 2 fr. 25 la journée.

Ce qui manque le plus à Tassin c'est l'outillage agricole. Toutefois celui qui existe est bon s'il est le plus souvent primitif et démodé.

A part deux ou trois gros propriétaires, personne n'a, à proprement parler, de caves bien installées, bien aménagées et pourvues de tous les appareils de vinification perfectionnés que nécessite la fabrication très complexe et très délicate du vin en Algérie.

On sent à cela que le pays n'est pas encore une vieille région viticole. Aussi la fabrication du vin s'en ressent-elle et les produits également.

La valeur des terres. — Les terres de Tassin, qui pouvaient revenir à peu près à 100 francs l'hectare lors du peuplement, ont pris depuis une plus-value qui va toujours croissant. Dès la fin de 1893, commencement de 1894, presque tous les concessionnaires à la suite des améliorations considérables résultant du défrichement de leurs lots et de la construction de leurs maisons, ayant obtenu leurs titres définitifs, trouvèrent acquéreurs à raison de 250 francs les cent ares. Au mois de novembre 1898, lors du premier agrandissement du village, les 22 lots de 32 à 35 hectares le constituant, et qui étaient tout recouverts de broussailles, atteignirent jusqu'à 6.000 et 9.300 francs l'un, soit une moyenne de 250 francs l'hectare.

Aujourd'hui, l'hectare nu mais débroussaillé, vaut de 6 à 700 francs et nombreux seraient ceux, grands propriétaires de Sidi-bel-Abbès ou gros colons de Tassin, qui s'empresseraient d'acheter à ce prix (s'il se trouvait vendeurs) pour y planter de la vigne.

Il est facile de se rendre compte, dans ces conditions, de l'importance du cadeau que l'Etat a fait aux premiers attributaires en leur accordant gratuitement des concessions de 32 hectares avec emplacement urbain.

Si on prend en effet ce prix de 6 à 700 francs pour un hectare et qu'on le multiplie par 32, on trouve 19.200 francs ou 22.400 francs, en chiffres ronds 20.000 francs, sur lesquels à peu près la première moitié, soit 10,000 francs, constitue la part de plus-value donnée au terrain par le colon lui-même, du fait de son travail et de ses capitaux et l'autre moitié représente la valeur initiale de la terre octroyée (soit $32 \times 100 = 3.200$ francs) augmentée de celle (soit 6.800 francs) que les travaux d'intérêt général exécutés par l'Etat, tels que routes, conduites d'eau, canaux d'irrigation et création de services publics lui ont apportée.

Mais ce n'est pas là le chiffre exact de la fortune des concessionnaires.

Car si on veut bien considérer qu'actuellement un hectare de vigne vaut dans le pays 1.500 francs et que chaque colon en a, en moyenne 6, c'est donc un supplément de six fois 900 francs à ajouter aux 20.000 francs ci-dessus, soit $6 \times 900 = 5.400$ francs.

Si, avec ce total ainsi obtenu de 25.400 francs, vous additionnez le prix de la maison qui est à peu près de 3.500 francs aujourd'hui, celui du cheptel et du matériel agricole et vinaire qu'on peut estimer à 2.500 francs, vous arrivez à $25.400 + 3.500 + 2.500$ égal 31.400 francs, soit net 30.000 francs, qui est le véritable chiffre de la propriété immobilière des 8/10e des habitants du village.

D'autre part, étant donné que chacun d'eux met en rapport sa terre toute entière, soit 31 hectares, puisque le lot de jardin est en dehors, il n'est pas difficile de trouver le revenu net qu'ils en retirent annuellement.

Il n'y a, pour arriver à obtenir ce résultat, qu'à mettre d'un côté le produit de leurs vignes et de leurs champs de céréales et de l'autre les frais annuels que nécessite cette double culture, puis à soustraire du premier total le second et le reste sera le bénéfice.

Or, on sait que le vignoble de Tassin rapporte environ 40 hectos à l'hectare, au prix moyen de 18 francs. Cela fait donc, pour chaque colon, $6 \times 40 = 240$ hectos. En admettant que 40 hectos soient nécessaires pour la consommation il reste encore 200 hectos qui, revendus à raison de 18 francs, font un total de $18 \times 200 = 3.600$ francs de vin par an.

Quant aux céréales, blé, orge, avoine, elles produisent un rendement moyen de 11 à l'hectare, ce qui donne, à raison de 16 hectares cultivés, — un tiers restant en jachères chaque année — par chacun d'eux, $16 \times 11 = 176$ quintaux. En fixant à 26 les réserves que doit faire annuellement chaque cultivateur pour lui ses bêtes et ses semailles, celui-ci peut encore écouler 150 quintaux à 20 francs rapportant $150 \times 20 = 3.000$ francs de céréales.

Les recettes sont donc en tout : vin et céréales, de 3.600 francs plus 3.000 francs égal 6.600 francs par an.

Reste à calculer les dépenses faites. Elles s'élèvent à 250 francs par hectare pour la vigne et à 100 francs pour les céréales, ce qui fait d'abord pour 6 hectares de vigne $6 \times 250 = 1.500$ francs et pour 16 hectares de céréales $16 \times 100 = 1.600$, soit en tout $1.500 + 1.600$ égal 3.100 francs de frais qui, déduits des 6.600 francs de recettes, laissent un reliquat de 3.500 francs de bénéfice c'est-à-dire, en calculant d'après la somme de 30.000 francs représentant la fortune d'un colon de Tassin, un intérêt de près de 12 pour 0/0, un joli denier, si on veut bien songer au taux dérisoire de 2 et 3 pour 0/0 auquel sont actuellement placés en France d'énormes capitaux que des propriétaires timorés ou ignorants n'osent pas envoyer en Algérie et aussi que les colons venus à Tassin n'avaient au début qu'un petit pécule.

Avec 3.500 francs nets en Algérie, sans compter les produits du jardin, de la basse-cour, des moutons, des chèvres, qui aident dans la proportion d'un bon tiers à l'alimentation générale d'une famille, le colon peut améliorer sa maison, ses cultures, se procurer un matériel agricole complet et conforme aux progrès de la science et arriver à brève échéance à mettre de côté un beau denier.

Il suffira maintenant aux concessionnaires de Tassin, et c'est surtout d'eux dont il s'agit, de deux ou trois bonnes récoltes successives — car ainsi qu'on la vu jusqu'à présent elles n'ont pas souvent dépassé une honnête moyenne — et d'ici cinq ans, avec la plus-value que prennent chaque année leurs terres du fait de leurs plantations sans cesse croissantes en vigne, et de l'augmentation de recettes qui en résultera pour eux, ils seront à la tête d'une fortune assez rondelette d'une cinquantaine de mille francs et de six à sept mille livres de revenus.

Quinze ans auront suffi pour arriver à un si beau résultat.

Un pareil avenir n'est-il pas fait pour tenter tous ceux de nos colons de France qui, semblables à nos Savoisiens d'Hermillon, vivent dans certains coins des

Cévennes, des Alpes, des Pyrénées ou d'autres parties de la France, travaillant péniblement depuis le 1er janvier jusqu'à la Saint-Sylvestre, pour parvenir à quoi ? A vivoter en se nourrissant juste de pain, de pommes de terre et de laitage, sans espoir de voir jamais leur sort s'améliorer.

Histoire de notre instituteur et des Savoisiens. — Il ne nous reste plus à présent qu'à dire quelques mots encore de l'instituteur, que nous avons fait parler dans la deuxième partie de ce travail, et des Savoisiens.

L'ancien maître d'école d'Hermillon, aujourd'hui directeur à Tassin, est bien loin des jours pénibles du début où il était obligé de faire le chercheur de bornes et le tabellion ès-baux de défrichement pour vivre.

Cette existence avait heureusement fini juste au moment où ses ressources allaient s'épuiser c'est-à-dire en juillet 1890.

A ce moment, l'école venait d'être inaugurée et pour donner l'instruction que réclamaient les parents pour leurs nombreux enfants, il n'avait pas encore été choisi d'instituteur bien que celui-ci eut déjà fait une demande afin d'être réintégré dans l'enseignement et plus particulièrement à Tassin.

M. Renoux ayant bien voulu le prier de remplir temporairement cette mission, il accepta très heureux, estimant qu'avec les 50 francs qui lui étaient accordés par mois, les quelques légumes qu'il pourrait faire pousser dans le jardin de l'école, le produit

de la chasse, dont il était un fervent et surtout l'économie de sa laborieuse compagne il arriverait à joindre les deux bouts jusqu'au jour de sa nomination officielle.

Restait à faire la classe. Ce ne fut pas précisément facile car il n'avait à sa disposition qu'une salle non plafonnée, à peine crépie, sans carrelages et aucun matériel scolaire.

Mais qu'importait : à la guerre comme à la guerre. Du reste ses élèves n'y regardaient pas de si près, ils n'avaient pas peur du travail ni lui de sa peine.

Ils s'arrangèrent donc comme ils purent.

Des caisses d'emballage, un couvercle de pétrin et des planches posées sur des pierres et une table de cuisine servirent de pupitres à 41 gamins et gamines.

C'est dans ces conditions qu'il reprit son métier d'instituteur qu'il ne devait plus abandonner depuis dix ans qu'il est à Tassin sans avoir jamais pris un jour de congé.

Toutes les chances arrivant à la fois, il avait obtenu par exception, dans ce même mois de juillet, une concession complète de 31 hectares, située à 4 kilomètres du village, qu'un premier attributaire avait refusée.

Sa joie avait été grande car il avait ainsi vu se réaliser le rêve qu'il caressait depuis longtemps : avoir une propriété en Algérie qu'il pût mettre en valeur et faire rapporter pour ses enfants.

Malheureusement, comme elle était un peu éloignée, il s'aperçut vite qu'il lui serait impossible d'en tirer tout le profit qu'elle comportait parce qu'en raison de ses occupations il lui était difficile d'y aller aussi souvent qu'il aurait voulu.

Il dut la revendre et acheter, avec le prix, un lot industriel composé d'un lot de culture et d'un lot urbain donnant sur la place de la mairie. Il l'a, à l'heure actuelle, entièrement cultivé de ses mains durant les vacances et les heures de loisir que lui a laissés sa classe. Six hectares sont plantés en vigne en plein rapport fournissant du vin pour toute sa famille, ses enfants mariés, ses parents et amis de Savoie, sans compter cent hectos qu'il vend au commerce. De nombreux arbres, en tout 405, sont répandus sur sa propriété, au nombre desquels 92 oliviers encore jeunes qui produisent déjà un peu d'huile, juste pour ses besoins.

Quant aux Savoisiens ils vivent dans leur quartier entretenant les meilleures relations entre eux et avec les autres habitants. Malgré l'amélioration très sensible survenue dans leur situation ils sont toujours économes, très sobres, très solidaires.

A tour de rôle ils vont tous faire les labours, les moissons et les vendanges des membres de la Colonie. Ceux qui ont certains instruments aratoires ou ustensiles de vaisselle vinaire ou bêtes de travail que les camarades n'ont pas, les prêtent aux autres quand ils en ont besoin. Ils pensent ainsi posséder à eux tous, sans beaucoup de dépenses, un matériel très complet de culture et attendre plus facilement l'instant où ils auront la possibilité, grâce au gain réalisé, de se procurer tout ce qui leur est nécessaire.

Leurs familles se réunissent souvent le dimanche et les jours de fête avec celle de notre instituteur.

Ils causent alors avec lui du pays, des premiers débuts, de l'avenir heureux qui semble s'ouvrir pour tous, en mangeant le plat traditionnel : la soupe gratinée ou gratin de Savoie.

Une partie de boules bien discutée, comme on aime tant à en faire dans toute la Savoie et particulièrement à Hermillon, termine généralement leurs réunions.

Le directeur de l'école leur donne toujours des conseils en agriculture, continuant le rôle qu'il avait autrefois en Maurienne et qu'il n'a cessé de remplir près d'eux, depuis leur arrivée en Algérie. Il se livre, en effet, dans le jardin de l'école, à des expériences dont il leur fait connaître les résultats. Ainsi qu'à tous ceux qui veulent bien lui demander son avis et qu'il met lui-même en pratique dans l'exploitation de sa petite concession qui se trouve justement contiguë à tous les lots de ses compatriotes.

Le doyen de la colonie savoisienne est le grand-papa Brun, Jean-Baptiste, âgé de plus de 81 ans, qui, séduit par le tableau que son fils lui avait fait de Tassin, s'est décidé à venir il y a environ dix-huit mois pour habiter avec lui.

Il est très heureux d'avoir pris cette décision. Bien qu'il soit très courbé par les ans il s'en félicite, disant qu'il se trouve ainsi plus rapproché de la terre d'Algérie qu'il aime déjà autant que celle de France et qu'il remue encore avec acharnement de ses bras toujours vigoureux.

Il ne parle jamais de mourir : « J'ai vécu, déclare-t-il sérieusement, quatre-vingts ans avec le petit vin de

Savoie. J'en passerai encore autant avec le bon vin d'Algérie. Ce serait vraiment dommage de s'en aller maintenant qu'on est si bien dans ce beau pays. »

Quelques-uns des compatriotes de l'instituteur sont allés en France pour régler des affaires de famille mais ils se sont empressés de revenir tout en entretenant cependant des relations suivies avec leurs parents et amis auxquels ils parlent souvent, dans leurs lettres de la colonisation et de leur réussite.

Aussi, bien des Savoisiens ont émigré dans la Colonie depuis la venue de ceux de Tassin. C'est ainsi que cinq autres familles les ont rejoint depuis 1890. Dans ces dernières années il faut citer notamment celle des Balmot, composée de 11 enfants dont 8 garçons et 3 filles. Les sept premiers garçons conduisent leur charrue et l'aînée des filles qui est morte était déjà mère de deux enfants.

Deux d'entre elles qui étaient venues de St-Jean-de-Maurienne et de St-Rémy, en 1891, reprises par la nostalgie du pays sont cependant rentrées en France en 1895 après avoir vendu leurs concessions. Elles sont de nouveau en Algérie, mais sans ressources.

D'autre part plus de 40 autres Savoisiens avec femmes et enfants ont quitté la Maurienne depuis 1890 pour aller peupler Martimprey, Frendah, Descartes, Lafayette, Lavigerie et bien d'autres centres dans lesquels elles réussissent également d'après les nouvelles très fréquentes échangées entre elles et M. Serain, soit directement soit par l'intermédiaire d'amis de la Savoie qui, impressionnés par le récit qui leur arrive de tous côtés de la réussite de compatriotes, lui écrivent pour s'enquérir si c'est bien vrai et lui demander des conseils en même temps que le moyen d'émigrer.

Ah ! si on chargeait notre instituteur d'amener dans la colonie beaucoup de Savoyards, comme on labourerait de la terre algérienne !

CONCLUSION

Tout récit comporte une moralité.

De celui qu'on vient de lire il résulte, notamment, différentes conséquences qu'on ne saurait trop mettre en relief.

En dix ans, presque rien dans l'histoire déjà si longue de notre Colonisation, un endroit désert, un pays de broussailles est devenu, sans à coup, sans qu'on eut à déplorer la perte de nombreuses victimes, une petite ville, un centre agricole important.

Bien situé comme emplacement, bien desservi au point de vue des voies de communication, doté de bonnes terres et eau en quantité et qualité suffisantes, ayant eu en plus la chance d'être peuplé par des colons de choix, il réalisait presque le type parfait du centre idéal, il réunissait le maximum de conditions favorables pour fatalement progresser.

Mais ce qu'il y a de plus saillant, de plus intéressant, de plus remarquable à constater dans l'histoire de Tassin : c'est d'abord ce fait que presque tous les concessionnaires primitifs après y être demeurés, y ont acquis, ainsi qu'on a pu le voir, une aisance voisine de la fortune et digne d'envie ; et c'est aussi, le double exemple que nous offrent les vaillants paysans d'Hermillon venus en Afrique malgré toutes sortes de préventions injustes et vaines montrer ce que l'esprit de solidarité, le travail, l'économie et la communion de sentiments résultant d'une même origine peuvent obtenir ; et cet instituteur si méritant et si modeste qui, persuadé d'accomplir un devoir, ne craignit pas de quitter la situation assurée qu'il avait pour arriver en Algérie, sans ressources, sans métier, faire au premier chef œuvre de bonne colonisation.

Puisse le sort heureux des gens de Tassin exciter l'envie de beaucoup de métropolitains ; puisse l'enseignement qui se dégage de tous ces faits inspirer aussi en Franee à de nouveaux groupements départementaux, l'idée de suivre la voie tracée par nos Savoyards ; à d'autres maîtres d'école la pensée d'imiter la conduite de leur ancien collègue d'Hermillon et de se livrer à un prosélytisme aussi ardent, aussi éclairé et aussi efficace en vue d'une émigration plus grande vers notre belle colonie d'Algérie, si proche de la Mère-Patrie !

ANNEXE 1

Conditions et formalités à remplir pour obtenir une concession de terre en Algérie

Nul ne peut obtenir une concession territoriale en Algérie, s'il n'est Français d'origine européenne ou Européen naturalisé.

Les demandeurs doivent s'engager *à résider pendant cinq ans, avec leur famille, sur les terres qui leur seront concédées.* Au bout de trois ans cependant, ceux qui ont apporté sur leurs terres des améliorations permanentes d'une certaine importance, dont la valeur est calculée à raison de 100 francs par hectare concédé, dont un tiers au moins en bâtiments d'habitation ou d'exploitation agricole, peuvent obtenir leurs titres de propriété.

Tout demandeur en concession est tenu de déclarer, à peine de déchéance, qu'il n'est ou n'a été ni concessionnaire, ni cessionnaire, ni adjudicataire de terres domaniales de colonisation.

Conformément à l'article 12, n° 1, de la loi du 18 brumaire an VII, les demandes de concession doivent être faites sur *papier timbré.*

Elles doivent être accompagnées d'une soumission, établie suivant un modèle réglementaire, *de l'extrait du casier judiciaire et de la justification, au moyen des avertissements du service des Contributions directes et d'un certificat de l'autorité locale, des ressources dont dispose réellement le postulant.*

Lorsque ces ressources consistent, en totalité ou en majeure partie en immeubles, le demandeur sera tenu de fournir un certificat du conservateur des hypothèques indiquant la situation de ces biens au point de vue des charges qui peuvent les grever.

7

Les concessions sont attribuées de préférence aux cultivateurs, chefs de famille et possédant un avoir d'au moins 5.000 francs.

La pratique des travaux des champs est nécessaire pour parvenir à tirer un bon parti des terres concédées.

Le capital est indispensable pour pouvoir construire une maison d'habitation et des bâtiments d'exploitation, acheter un cheptel, des semences et vivre en attendant les premières réco'tns.

Les familles qui réunissent les meilleures conditions sont admises comme attributaires.

Elles.sont avisées de leur admission par le préfet du dé partement où est située la concession. Les familles de la métropole reçoivent alors un acte provisoire de concession. Ce titre donne droit :

1º *En chemin de fer.* — Au transport en 1/2 tarif en 3ᵉ classe pour les membres de la famille et les personnes à son service indiqués sur le titre, et au transport gratuit de 100 kilogrammes de bagages par personne.

2ᵉ *Sur les paquebot de la Compagnie Transatlantiqne partant de Port-Vendres ou de Marseille.* — Au transport gratuit en 3ᵉ classe des personnes indiquées sur ce titre, et au transport gratuit de 80 kilogr. de bagages par personne.

Nota. — Il est expressément recommandé aux demandeurs de ne venir en Algérie que lorsqu'ils auront été avisés de leur admission et qu'ils auront reçu un acte provisoire de concession.

Le programme des créations ou agrandissements de centres est adressé aux personnes qui en font la demande au Gouverneur général de l'Algérie, aux préfets d'Alger, d'Oran et de Constantine et au service des Renseignements généraux de l'Algérie (galerie d'Orléans, Palais Royal, Paris).

Il est déposé également dans toutes les préfectures et sous-préfectures de France.

Service militaire. — Les jeunes gens l'effectuent en Algérie et la durée en est réduite à un an.

ANNEXE 2

Programme de colonisation 1900-1901

Fromentin, *Tadjena,* création. — Arrondissement d'Orléansville, commune mixte de Ténès, sera relié par un chemin de 15 kilomètres au centre de Cavaignac, qui est rattaché à la route d'Orléansville à Ténès. Cavaignac est à 19 kilomètres du port de Ténès et à 48 kilomètres d'Orléansville. — Territoire de 1,376 hectares répartis entre 30 concessions d'une trentaine d'hectares chacune. — Céréales, vigne et élevage des bestiaux. — Marché important aux Heumis.

Levacher, *Tata Ouchkouf,* création. — Arrondissement de Miliana, commune mixte d'Hammam-R'hira, sur le versant sud du Zaccar, à 8 kilom. 500 de Miliana et à 8 kilom. 500 de la gare de Lavarande. — Territoire de 782 hectares devant former 27 concessions de 25 hectares chacune. — Vigne, arbres fruitiers, cultures diverses. — Eaux abondantes.

Timezeratine, création. — Arrondissement d'Orléansville, commune mixte de Ténès, sur le chemin de Rabelais à l'Oued-Dahmous, à 7 kilomètres de Flatters et à 24 kilomètres des Trois-Palmiers. — Territoire de 1,600 hectares divisé en 30 concessions de 30 à 40 hectares. — Culture des céréales et de la vigne. — Elevage du bétail.

Sidi-Ali, création. — Arrondissement de Miliana, commune mixte du Djendel ; sera relié à la route d'Affreville à Médéa, à 8 kilomètres de Dollfusville, à 18 kilomètres de

Lavigerie et à 36 kilomètres d'Affreville ; gare de la ligne ferrée d'Alger à Oran. — Territoire de 1,980 hectares divisé en 40 concessions agricoles de 30 à 35 hectares. — Cultures diverses.

Aïn-Lechiakh. — Arrondissement de Miliana, commune mixte du Djendel, sur le chemin de Lavigerie à Letourneux, à 8 kilomètres de Lavigerie et à 26 kilomètres de la gare d'Affreville de la ligne ferrée d'Alger à Oran. — Territoire de 2,434 hectares devant former 45 concessions de 35 à 40 hectares. — Culture des céréales et de la vigne.

Champlain, *Beni bou Yacoub,* création. — Arrondissement de Médéa, commune mixte de Berrouaghia. — Sur le chemin de grande communication de Ben-Chicao à Port-Gueydon, à 23 kilomètres de Médéa et à 19 kilomètres de Berrouaghia ; gare de la ligne ferrée de Blida à Berrouaghia. — Territoire de 1,500 hectares à diviser en concessions de 30 à 40 hectares. — Culture des céréales. — Elevage.

DÉPARTEMBNT D'ORAN

Bedeau, création d'un périmètre de colonisation. — Arrondissement de Sidi bel-Abbès, commune mixte du Télagh, à 46 kilomètres du Télagh, à 100 kilomètres de Sidi-bel-Abbès sur la voie ferrée ; relié a Mecheria-Sebdou-El-Aricha. — Centre de population de 800 européens. Garnison militaire. Poste et télégraphe. Marché important le vendredi. — Le périmètre de colonisation aura 6,400 hectares. Il sera divisé en 50 lots de ferme de 60 à 100 hectares et comprendra un communal de 1,800 hectares. — Grande culture des céréales. Vigne. Exploitation de l'alfa. Elevage du bétail.

Géryville, création d'un périmètre de colonisation. — Territoire de commandement, cercle de Géryville. Poste militaire desservi par la route nationale d'Oran à Géryville. Géryville est relié par une route de 100 kilomètres à la station de Bou-Guetoub du chemin de fer d'Arzew à Aïn-Sefra. — Poste militaire. 400 européens. Poste et Télégraphe.

Service de voitures de Bou-Guetoub à Géryville. Eaux abondantes. — Commerce du bétail et des laines, alfa, vigne. Marché le jeudi. — Le périmètre de colonisation aura 4,788 hectares. Il comprendra un communal de 1,900 hectares et 134 lots de 20 hectares chacun, à vendre de gré à gré avec obligation d'élever une construction de 1,500 francs.

Dombasle, *Haddad*, création. — Arrondissement de Mascara, commune mixte de Cacherou, à 16 kilomètres de Palikao, à 15 kilomètres 500 de Cacherou et à 12 kilomètres de Zelemta. — Territoire de 2,312 hectares divisé en 50 concessions de 35 à 40 hectares. Zone arrosable. Terres propres à la culture des céréales et de la vigne. Arbres fruitiers. Marché le samedi. Fermes importantes dans la région.

Boutin, *Hassi Daho*, création. — Arrondissement de Sidi-bel Abbès, commune mixte de la Mekerra. — Sur la route de Sidi-bel-Abbès à Daya, à 18 kilomètres de Sidi-bel-Abbès, à 8 kilomètres de Tenira, — gîte d'étape. — Territoire de 1,403 hectares dont 500 hectares concessibles ; le surplus comprenant des propriétés privées, des parcours et des réserves forestières. — Il est formé 12 concessions agricoles de 40 hectares chacune. Culture des céréales, vigne.

Deligny, agrandissement. — Arrondissement de Sidi-bel-Abbès, commune mixte de la Mékerra. — A 5 kilomètres de la gare de Prudon du chemin de fer de Sainte-Barbe-du-Tlélat à Crampel, à 15 kilomètres de Sidi-bel-Abbès. — Centre créé en 1872, agrandi en 1890. Population européenne, 390 habitants. Terrains cultivés, 2,437 hectares, dont 270 en vigne. Fermes importantes dans la région. — Le nouvel agrandissement porte sur 692 hectares formant 15 concessions agricoles de 36 à 39 hectares et 2 lots de ferme de 50 hectares.

Tirman, *Tralimet*, création. — Arrondissement de Sidi-bel-Abbès, commune mixte du Télagh, sur la route de Daya à Sidi-bel-Abbès, à 42 kilomètres de Sidi-bel-Abbès et à 18 kilomètres de Tenira. — Territoire de 4,000 hectares devant servir à constituer 80 concessions de 40 hectares environ. — Culture des céréales et de la vigne.

Pont de l'Isser, agrandissement. — Arrondissement de Tlemcen, commune de plein exercice de Pont de l'Isser, sur la route d'Oran à Sebdou, à 33 kilomètres de Tlemcen, à 107 kilomètres d'Oran et à 107 kilomètres de la gare d'Aïn-Témouchent tête de la ligne ferrée reliant ce point à Oran. — Village créé en 1858. Population actuelle, 253 habitants européens. — Culture des céréales, vigne, oliviers, orangers, culture maraîchère. — Marché le mercredi. Postes et Télégraphes. — L'agrandissement porte sur 754 hectares destinés à former 25 concessions de 30 hectares environ.

Sidi-Youssef, agrandissement. — Arrondissement de Tlemcen, commune mixte de Remchi. Relié à la route de Tlemcen. — Centre créé en 1891. Population européenne actuelle, 111 habitants. — Culture des céréales et de la vigne. — L'agrandissement porte sur 1,275 hectares qui serviront à former 35 concessions de 35 hectates environ.

Rochambeau, création. — Arrondissement de Sidi-bel-Abbès, commune mixte du Télagh, sur la route de Chanzy au Télagh, à 5 kilomètres de ce dernier centre et à 20 kilomètres de la gare de Chanzy (ligne du Tlélat à Crampel). — Territoire de 2,500 hectares environ devant servir à constituer 55 concessions de 35 à 40 hectares. — Culture des céréales. Elevage du bétail.

Sidi El Adjel, création. — Arrondissement de Mostaganem, commune mixte de Cassaigne. — Au croisement des routes de Mostaganem à Ténès et d'Inkermann à la mer en passant par Renault. — Territoire de 1,800 hectares divisé en 40 concessions de 35 à 40 hectares. — Culture de la vigne et des céréales. Plantations d'oliviers et de caroubiers.

Sidi-Lhassen, agrandissement — Arrondissement de Sidi-bel-Abbès, commune de plein exercice de Sidi-Lhassen, à 6 kilomètres de Sidi-bel-Abbès, à 4 kilomètres de Boukanéfis, station du chemin de fer de Sainte-Barbe-du-Tlélat à Tlemcen. — Centre créé en 1854. Population européenne, 485 ha-

.tants. — Céréales, vignes et vergers. — L'agrandissement porte sur 410 hectares qui serviront à former 15 concessions de 27 hectares.

Bosquet, agrandissement. — Arrondissement de Mostaganem, commune de plein exercice de Bosquet. — Bosquet est situé à 20 kilomètres de la gare d'Aïn-Tedelès du chemin de fer de Mostaganem à Relizane. Il possède à 6 kilomètres, un embarcadère sur la Méditerrannée. — Centre créé en 1873. Population européenne, 300 habitants. Bureau des Postes et Télégraphes. — Vignes et céréales. Marché le jeudi. — L'agrandissement porte sur 222 hectares à diviser en 8 concessions de 25 hectares environ.

DÉPARTEMENT DE CONSTANTINE

Ampère, agrandissement. — Arrondissement de Sétif, commune mixte des Rhiras, sur la route de Sétif à Batna, à 55 kilomètres de Sétif, à 38 kilomètres de N'Gaous. — Centre créé en 1897. Le territoire de l'agrandissement porte sur 1,200 hectares divisé en 12 fermes de 80 hectares, dont 40 à concéder gratuitement et 40 à vendre de gré à gré. A chaque lot de ferme sont adjoints un lot urbain et un lot de jardin situés au village d'Ampère. — Cultures diverses. Elevage du bétail.

Bernelle, *Belezma*, création. — Arrondissement de Batna, commune mixte d'Aïn-El-Ksar, à 22 kilomètre- de Batna, à 47 kilomètres d'El-Madher, sur le chemin de grande communication de Sétif à Batna. — Territoire de 3,700 hectares, alloti en 70 concessions de 40 hectares. Cultures diverses, vigne et céréales.

Mérouana, création. — Arrondissement de Batna, commune mixte d'Aïn-El-Ksar, à 22 kilomètres de Batna, à 47 kilomètres d'El-Madher, sur le chemin de grande communication de Sétif à Batna. — Territoire de 3,125 hectares, alloti en 60 concessions de 40 hectares chacune. — Cultures diverses, vignes et céréales.

Canrobert, *Oum-El-Bouaghi*, création. — Arrondissement de Constantine, commune mixte d'Oum-El-Bouaghi, gare du chemin de fer des Oulad-Rahmoun à Aïn-Beïda, à 84 kilomètres de Constantine. — Il existe autour de la gare de Canrobert une agglomération renfermant 225 habitants qui se livrent au commerce des céréales et du bétail. — Le périmètre de colonisation est formé au moyen de 1,100 hectares à diviser en 25 concessions de 40 hectares environ. — Culture de la vigne et des céréales.

Ras-El-Akba, agrandissemsnt. — Arrondissement de Constantine, commune de plein exercice de l'Oued-Zénati. — A 13 kilomètres de l'Oued-Zénati, à 35 kilomètres de Constantine. — Ras-el-Akba est un ancien centre. Le territoire de l'agrandissement embrasse une superficie de 1,026 hectares destinée à former 25 concessions de 35 à 40 hectares environ. Culture de la vigne et des céréales.

Lavoisier, *Oued-Bietta*, création. — Arrondissement de Sétif, commune mixte des Maadid, entre Cérez et Tocqueville, à 20 kilomètres environ de l'un et de l'autre de ces deux centres. —·Territoire de 4.900 hectares destiné à former :

1º 20 concessions de 40 à 80 hectares dont 40 hectares à concéder gratuitement et le surplus à vendre de gré à gré : 2º 25 lots de ferme de 100 hectares à aliéner dans les mêmes conditions. — Culture des céréales. Elevage.

Agadie, création. — Arrondissement de Bougie, commune mixte de Tababort sur la route de Djidjelli à Bougie, à 17 kilomètres de Djidjelli. — Territoire de 834 hectares alloti en 7 fermes d'une centaine d'hectares. — Chaque ferme comprendra un lot urbain au hameau de Cavallo. — Vignes et céréales.

Cavallo, création. — Arrondissement de Bougie, commune mixte de Tababort, à proximité du cap Cavallo, sur la route de Bougie à Djidjelli, à 7 kilomètres de Djidjelli. — Hameau industriel et routier. Territoire de 93 hectares. — Les concessions sont composées d'un lot urbain et d'un lot de jardin. Elles seront vendues de gré à gré, avec obligation de bâtir.

M'daourouch, création. — Arrondissement de Guelma, commune mixte de Sédrata, gare du chemin de fer de Souk-Ahras à Tébessa, à 36 kilomètres de Souk-Ahras, à 60 kilomètres de Tébessa. — Hameau industriel, 23 lots formés à vendre de gré à gré dans les conditions du décret du 30 septembre 1878.

Décret du 30 septembre 1878

TITRE Ier

De la concession de terres sous condition suspensive

Art. 2. — Le Gouverneur général est autorisé à concéder les terres alloties dans les conditions prescrites par le paragraphe 1er de l'article 1er aux Français d'origine européenne et aux Européens naturalisés ou en instance de naturalisation qui justifient, pour les lots de village, de ressources jugées par lui suffisantes et, pour les lots de ferme, d'un capital disponible représentant 150 francs par hectare.

Le Gouverneur général peut déléguer au Préfet ou au Général commandant la division, suivant le territoire, les droits qui lui sont attribués par le paragraphe précédent.

La concession est gratuite.

Elle attribue au concessionnaire la propriété de l'immeuble sous la condition suspensive de l'accomplissement des clauses ci-après déterminées. Le concessionnaire jouira immédiatement de l'immeuble et de ses fruits sans répétition au cas de déchéance.

Art. 3. — Les demandeurs s'engagent à transporter leur domicile et à résider sur la terre concédée avec leur famille, d'une manière effective et permanente, pendant les cinq années qui suivront la concession.

Ils doivent, en outre, déclarer qu'ils ne sont et qu'ils n'ont été ni locataires, ni cessionnaires, ni adjudicataires de terres domaniales à aucun des titres prévus par les décrets des 16 octobre 1871, 10 octobre 1872 et 15 juillet 1874, ou par le présent décret.

Art. 4. — Peuvent être dispensés de la résidence, mais seulement pour les lots de ferme, les demandeurs qui s'obligent : 1º à installer et maintenir, pendant les cinq années qui suivront la concession, une ou plusieurs familles de Français d'origine européenne ou d'Européens naturalisés ou en instance de naturalisation, à raison d'un adulte au moins par vingt hectares ; 2º à employer en améliorations utiles et permanentes une somme représentant une dépense moyenne de 150 fr. par hectare, dont le tiers au moins affecté à construire des bâtiments d'habitation et d'exploitation.

Art. 5. — Un procès-verbal contradictoire constate la mise en possession du concessionnaire à condition de résidence.

Dans le cas prévu par l'article 4, il est procédé dans la même forme à la constatation : 1º de l'état exact de la terre au moment de la mise en possession du concessionnaire ; 2º de l'installation des familles.

TITRE II

De la cession des concessions avant la délivrrance des titres définitifs de propriété

Art. 10. — Les concessionnaires sous condition de résidence, établis en vertu des articles 3, 6 et 7, qui ont résidé pendant un an au moins, peuvent, aux conditions qui leur étaient imposées à eux-mêmes, céder la concession à tous Français d'origine européenne ou à tout Européen naturalisé ou en instance de naturalisation.

L'acte de cession est soumis, suivant le territoire, à l'approbation du Préfet ou du Général commandant la division qui statue dans le délai de deux mois.

Si la décision du Préfet ou du Général commandant la division n'est pas intervenue dans le délai ci-dessus fixé, la concession est définitive.

Art. 11. — Le concessionnaire peut, à son tour, céder la concession dans les mêmes formes et aux mêmes conditions que l'attributaire primitif, sans être toutefois astreint à ne rétrocéder ses droits qu'après un an de résidence.

TITRE III

Des emprunts avant la délivrance des titres définitifs de propriété

Art. 12. — Pendant la période de concession provisoire, les attributaires ne peuvent consentir d'hypothèque sur l'immeuble dont ils ont été mis en possession qu'au bénéfice des prêteurs qui leur fournissent des sommes destinées : 1º aux truvaux de construction ou de reconstruction, de réparation ou d'agrandissement des bâtiments d'habitation ou d'exploitation ; 2º à des travaux agricoles constituant des améliorations utiles et permanentes ; 3º à l'acquisition d'un cheptel.

Art. 13. — L'acte d'emprunt, dressé dans la forme authentique, constate la destination des fonds empruntés. L'emploi devra en être ultérieurement établi par quittances et autres documents justificatifs.

Le dit acte d'emprunt est enregistré au droit fixe de 1 fr. 50 et transcrit sans autre frais que le salaire du conservateur et les droits de timbre.

Il est notifié, suivant le territoire, au Préfet ou au Général commandant la division.

Art. 14. — En cas de vente à la requête du créancier hypothécaire qui se trouve dans les conditions exigées par les articles 12 et 13 ci-dessus, tous les enchérisseurs d'origine européenne sont admis à l'adjudication sous l'obligation de remplir les conditions imposées au concessionnaire primitif.

Art. 15. — Si le prix de vente n'est pas absorbé par les créanciers, le concessionnaire est admis à réclamer, sur le reliquat du prix, une indemnité égale à la valeur estimative des améliorations utiles et permanentes réalisées par lui sur la terre concédée au moyen de ses ressources personnelles. L'indemnité est fixée par un arrêté du Préfet ou du Général commandant la division, suivant le territoire.

Le recours, s'il y a lieu, doit être porté devant le Conseil de préfecture, dans le délai de trois mois, à partir de la notification dudit arrêté.

Le surplus du prix de vente est versé au Trésor public.

TITRE IV

Déchéances

Art. 17. — Sont déchus de leurs droits :

1º Le concessionnaire direct sous condition de résidence dans les termes de l'article 3, qui ne s'est pas fait mettre en possession dans un délai de six mois, ou qui n'a pas installé sa famille dans un délai d'un an à partir du terme qui lui a été assigné par son acte de concession ;

4º Le concessionnaire ou l'adjudicataire d'une concession à charge de résidence qui ne s'est pas installé dans un délai de trois mois à partir du jour où lui est notifiée l'autorisation de cession, ou trois mois après la date de l'adjudication ;

5º Le concessionnaire, cessionnaire ou adjudicataire qui, après s'être installé sur la concession, va habiter ailleurs, ou qui, au cours de la période quiquennale de concession provisoire, s'est absenté pendant plus de six mois sans y avoir été autorisé ;

6º Le concessionnaire admis en vertu et dans les termes de l'article 4, qui, dans un délai de six mois à dater du jour où son admission lui a été notifiée, n'a pas installé les familles composant l'effectif prescrit ou qui, dans les deux ans à partir du même jour, n'a pas achevé les constructions exigées ;

7º Le même concessionnaire qui, pendant six mois, laisserait incomplet l'effectif de familles prescrit par son titre ;

8º L'adjudicataire d'une terre concédée avec dispense de résidence, qui se placerait dans l'un des cas prévus aux nᵒˢ 6 et 7 ;

9º Le concessionnaire cessionnaire ou adjudicataire admis comme étant en instance de naturalisation et dont la demande aurait été rejetée ou qui s'en serait désisté ;

10º Le concessionnaire, cessionnaire ou adjudicataire admis sur sa déclaration qu'il n'est et n'a pas été détenteur de terres domaniales dans les conditions énnoncées à l'article 3, § 2, et dont la déclaration serait reconnue mensogère.

Art. 18. — La déchéance est prononcée par le Préfet ou le Général commandant la division, suivant le territoire.

L'arrêté de déchéance est notifié administrativement à l'attributaire en son domicile ou, si ce domicile n'est pas connu, à la mairie de la situation des biens.

Il est transcrit gratis.

Art. 19. — Si les conditions imposées par l'acte de concession n'ont reçu aucun commencement d'exécution, l'attributaire peut, dans un délai de trente jours, à partir de la notification, former opposition à l'arrêté de déchéance devant le Conseil de préfecture.

Art. 20. — S'il y a eu commencement d'exécution, l'arrêté de déchéance est précédé d'une mise en demeure adressée à l'attributaire par acte administratif notifié comme il est dit à l'article précédent, d'avoir à se conformer aux clauses du contrat dans un délai de trois mois.

Ce délai expiré, et faute par l'attributaire d'avoir produit les justifications nécessaires, le Préfet ou le Général commandant la division, suivant le territoire, prononce la déchéance qui est notifiée comme ci-dessus.

L'attributaire et tous intéressés peuvent, dans un délai de trente jours, à partir de ladite notification, former opposition à l'arrêté de déchéance devant le Conseil de préfecture.

Si l'arrêté est confirmé et que néanmoins des améliorations utiles et permanentes aient été réalisées par l'attributaire, le Conseil de préfecture en fixe le montant et prescrit la vente aux enchères publiques, à la date par lui fixée, aux clauses et conditions imposées au concessionnaire primitif.

L'attributaire déchu reste en possession jusqu'au jour de la vente.

L'adjudication a lieu par voie administrative. Sont admis à y concourir tous enchérisseurs d'origine européenne, à l'exclusion de l'attributaire déchu et des individus déjà attributaires de terres domaniales.

Le prix de l'adjudication, sous déduction des frais et compensation faite des charges, s'il y a lieu, est dévolu à l'attributaire déchu ou à ses ayants-cause jusqu'à concurrence du

montant des améliorations réalisées par lui. En cas d'insuffisance, le concessionnaire déchu ne peut réclamer aucune
indemnité.

Le surplus, s'il y en a, est versé au Trésor public.

Art. 21. — Si le concessionnaire contre lequel la déchéance
est prononcée a hypothéqué dans les conditions énoncées au
titre III l'immeuble à lui concédé, l'arrêté de déchéance est
notifié au prêteur, qui a un délai de trois mois, à partir du
jour de ladite notification, pour requérir la vente dudit immeuble.

L'adjudication a lieu dans les formes et conditions prescrites à l'article précédent.

Le prêteur exerce sur le prix les droits de préférence résultant de l'hypothèque consentie à son profit, sans que l'Etat
puisse se prévaloir de la cause de résolution qui résulterait,
aux termes de l'article 2125 du Code civil, de la déchéance
prononcée contre l'emprunteur.

TITRE V

De la délivrance du titre définitif de propriété

Art. 22. — A l'expiration de la période quinquennale qui
suit la concession provisoire, le concessionnaire à charge de
résidence ou son ayant-cause régulièrement investi, adresse,
suivant le territoire, au Préfet ou au Général commandant la
division une demande en délivrance du titre définitif de
propriété.

Le concessionnaire dispensé de la résidence, en vertu de
l'article 4, joint à l'appui de sa demande, l'état descriptif de
la situation actuelle de la terre concédée, et le compte des
travaux exécutés.

Un récépissé de la demande et des pièces qui y sont jointes,
s'il y a lieu, est délivré au demandeur par le Secrétariat
général de la préfecture ou par le bureau civil de la division.

Art. 23. — Dans les deux mois de la date du récépissé, le
Préfet ou le Général commandant la division, remet au
demandeur le titre définitif de propriété ou lui notifie un

arrêté du Préfet ou du Général commandant la division, sui
vant le territoire, prononçant le rejet de sa demande pour
cause d'inexécution des conditions imposées.

Dans ce dernier cas, le demandeur peut, dans le délai de
trente jours, à partir de la notification qui lui est faite, former opposition devant le Conseil de préfecture.

Si l'arrêté est confirmé, et si néanmoins le Conseil de préfecture reconnaît une plus-value donnée à la terre, par le
concessionnaire, le Conseil de préfecture détermine la portion de terre qui est attribuée au concessionnaire en représen-
tation de la plus-value constatée, le surplus faisant retour à
l'Etat, franc et libre de toutes charges, ou il fixe l'indemnité
due au concessionnaire et il ordonne la mise en vente du lot
dans les formes prescrites par le paragraphe 6 de l'article 20.
Le concessionnaire peut toujours requérir la vente aux
enchères de l'entière propriété ; il reste en possession jusqu'au jour de l'adjudication.

Si le concessionnaire a hyphotéqué l'immeuble dans les conditions du titre III, il est procédé comme il a été dit à l'article 21.

Art. 24. — A défaut de notification de l'arrêté de rejet dans
le délai de deux mois, fixé par le paragraphe 1er de l'article
précédent, la propriété définitive des terres concédées appartient au demandeur.

TITRE VI

**De la faculté d'obtenir le titre définitif de propriété avant
l'expiration du délai de cinq ans**

Art. 25. — Après trois ans de résidence, le concessionnaire astreint à la résidence, a la faculté de réclamer le titre
définitif de propriété en justifiant d'une dépense moyenne de
100 francs par hectare, réalisée en améliorations utiles et permanentes, dont un tiers au moins, en bâtiments d'habitation
ou d'exploitation agricole. Le concessionnaire qui tient ces
droits d'une entreprise de peuplement doit, en outre, justifier
qu'il est complètement libéré envers ladite entreprise.

La même faculté appartient, au bout de trois ans, au concessionnaire dispensé de la résidence, qui justifie de l'accomplissement de toutes les obligations qui lui étaient imposées.

Dans les deux cas, il est procédé et statué conformément aux dispositions desdeux premiers paragraphes de l'article 23.

TITRE VIII

De l'interdiction temporaire de vendre aux indigènes non naturalisés les terres d'origine domaniale

Art. 28. — Il est interdit à tout individu propriétaire d'une terre d'origine domaniale, par l'un des moyens énoncés au présent décret, à l'exception du cas prévu par l'art. 27, de la vendre ou céder sous quelque forme que ce soit, aux indigènes non naturalisés, pendant une période de vingt ans si elle provient de lots de ferme et de dix ans si elle provient de lots de village.

Ces délais partent du jour de la concession définitive indiqué sur le titre de propriété.

Art. 29. — Les ventes faiies dans les délais fixés par l'article précédent, aux indigènes non naturalisés, sont nulles et de nul effet. Les terres qui en auraient fait l'objet sont reprises entre les mains des acquéreurs, à la diligence de l'Administration du Domaine, et font retour à l'Etat, sauf pour les créanciers hypothécaires, les droits de requérir la vente de la terre dans les formes et les conditions énoncées à l'article 21.

L'action du Domaine ne peut s'exercer après l'expiration des délais de dix ans et de vingt ans, ci-dessus fixés.

TITRE IX

Dispositions générales

Art. 30. — Pendant dix ans, à partir du jour de la concession, les terres qui ont fait l'objet sont exemptes de tous impôts qui pourraient être établis sur la propriété immobilière.

Art. 31. — Lorsque le concessionnaire décède avant l'expiration de la période de concession provisoire, ladite concession est transmise à ses héritiers, si ceux-ci le réquièrent, et remplissent, d'ailleurs, les conditions imposées à leur auteur.

Les héritiers ont le droit de renoncer à la concession. En ce cas, si des améliorations utiles et permanentes ont été réalisées sur le lot, ils sont admis à requérir la vente aux enchères publiques de la concession dans les conditions de l'article 20.

Faute par eux d'avoir usé, dans le délai d'un an, à partir du décès de leur auteur, de l'un ou de l'autre des droits qui leur sont attribués par le présent article, le lot fait retour au domaine.

Si, dans le cas prévu par le § 3 du présent article, le concessionnaire a hypothéqué l'immeuble dans les conditions du titre III, le prêteur sera informé administrativement que les héritiers ont laissé écouler le délai d'un an, à partir du décès de leur auteur, sans user de leurs droits ; à partir de cette notification, il aura un délai de trois mois pour requérir la vente de l'immeuble dans les conditions et les formes indiquées à l'article 21.

Art. 34 — Les titres, tant provisoires que définitifs de concessions consenties en vertu des titres 1er, V et VI du présent décret, ainsi que les actes de cession et d'adjudication dans les cas prévus aux titres II, III et IV, sont visés pour timbre et enregistrés gratis.

Ils sont transcrits sans autres frais que le salaire du conservateur et les droits de timbre, le tout à la diligence de l'administration de l'Enregistrement et des Domaines, mais aux frais du titulaire, qui doit déposer préalablement la somme présumée nécessaire entre les mains du Receveur de l'Enregistrement de la situation des biens.

Art. 35. — En cas de déchéance du concessionnaire au cours de la période de concession provisoire, ou s'il n'obtient pas la propriété définitive, la terre concédée fait retour au Domaine, libre et franche de tout recours de la part du concessionnaire ou de ses ayants-cause, à quelque titre que ce soit, sauf en ce qui concerne les hypothèques qui auraient été consenties dans les conditions du titre III, les effets déterminés par les articles 21, 23 § 4, et 31 § 4.

Toute hypothèque qui aurait été consentie par le concessionnaire en dehors des conditions et des formes énoncées aux dits articles, est radiée à la requête de l'administration des Domaines, sur le vu, dans le premier cas, de l'arrêté de déchéance et d'une déclaration du Préfet, ou, suivant le territoire, du Général commandant la division, constatant que le dit arrêté est devenu définitif, et dans le second cas, sur le vu d'une déclaration des mêmes autorités, constatant le rejet définitif de la demande en délivrance du titre de propriété.

Si les hypothèques ont été consenties par application des articles 12 et 13, la radiation ne sera opérée qu'après l'expiration du délai fixé par l'article 21.

TABLE DES MATIÈRES